L'inconscient

QUE SAIS-JE ?

L'inconscient

JEAN-CLAUDE FILLOUX
Professeur à l'Université de Paris X

Dix-Septième édition corrigée

158e mille

DU MÊME AUTEUR

AUX PRESSES UNIVERSITAIRES DE FRANCE

Dans la même collection

La personnalité, 12e éd. (nº 758).

Dans la collection « Le Sociologue »

Introduction à : E. DURKHEIM, *La Science sociale et l'Action.*

En collaboration

Psychologie des groupes et étude de la classe, *in* M. DEBESSE et G. MIALARET, *Traité des sciences pédagogiques*, t. VI.

CHEZ DUNOD

Ralph Linton et l'évolution de l'anthropologie culturelle (Préf. à : R. LINTON, *Le Fondement culturel de la Personnalité*).

A LA LIBRAIRIE DROZ

Durkheim et le socialisme.

ISBN 2 13 044013 4

Dépôt légal — 1re édition : 1947
17e édition corrigée : 1991, décembre

INTRODUCTION

La reconnaissance d'une *activité inconsciente de l'esprit* a été tardive, et les psychologues ont longtemps ignoré l'*inconscient*. On peut, certes, faire remonter à Leibniz la découverte du subconscient, en se référant à la célèbre théorie des « petites perceptions » dont « nous n'avons point conscience » ; il est également possible de déceler, chez tel ou tel psychologue antérieur aux débuts du XIXe siècle des allusions à quelque aspect inconscient de la vie psychique. Mais l'analyse délibérée d'opérations mentales inconscientes est récente. Ainsi, en 1901, Bergson pouvait parler de l'exploration de l'inconscient comme d'une tâche *future* pour la psychologie, et il s'exprimait en ces termes : « Explorer l'inconscient, travailler dans le sous-sol de l'esprit avec des méthodes spécialement appropriées, telle sera la tâche principale de la psychologie dans le siècle qui s'ouvre. Je ne doute pas que de belles découvertes ne l'y attendent, aussi importantes peut-être que l'ont été, dans les siècles précédents, celles des sciences physiques et naturelles. »

A vrai dire, précédée par les vues théoriques de certaines philosophies post-kantiennes, la psychologie médicale et expérimentale avait, depuis les années 1880, fait d'utiles découvertes. Bergson aura pourtant été bon prophète, car c'est à la psychanalyse, dont l'essor s'amorça vers 1900 avec la publication de *L'interprétation des rêves*, de Freud, que revient l'honneur d'avoir en quelque sorte *dévoilé* des structures psychiques inconscientes qui avaient échappé jusque-là à l'investigation psychologique, et d'en avoir fourni des schémas cohérents. Dès ses débuts, la psychanalyse se posa comme « psychologie des profondeurs », et a voulu donner au terme « inconscient » un contenu spécifique.

Quoi qu'il en soit, le caractère tardif de l'acquisition d'une notion si utilisée à l'heure actuelle étonnera peut-être. C'est qu'un grave obstacle épistémologique freinait l'évolution de la psychologie dans cette direction, une hypothèse de travail acceptée sans critique par les psychologues : l'affirmation *a priori* de l'identité des faits *psychiques* et des faits de *conscience*. Dans ces conditions, l'expression même « phénomène psychique inconscient », ou « processus subconscient », paraissait une absurdité, une contradiction entre les termes. On ne s'apercevait pas qu'en vérité on commettait une faute bien connue de raisonnement, appelée pétition de principe, et qui consiste à s'accorder par avance ce qui est en question.

Or, l'identité supposée de la vie psychique et de la vie consciente ne paraît pas résister à l'épreuve des faits. Et les faits, en ce domaine, ce sont des résultats expérimentaux, où l'on prend comme en flagrant délit l'existence d'*idées*, de *souvenirs* inconscients ; des observations minutieuses, qui *prouvent* une vie psychique inconsciente en révélant son action causale sur le conscient. L'existence de représentations inconscientes apparaît objectivement dans leur action même, et la véritable démonstration de l'inconscient réside donc dans le fait réel et observable que des états psychologiques non conscients ont des *effets* conscients, et, inversement, que des états psychologiques conscients peuvent être *inexplicables* si on ne fait appel à des causes psychiques inconscientes.

De cela, nous aurons l'occasion de nous convaincre chemin faisant. L'idée que non seulement des actes *matériels* (mouvements), mais encore des opérations *mentales* (motivations de toutes sortes, actes mnémiques, mécanismes associatifs ou dissociatifs) sont soustraits à la lumière de la conscience, loin d'apparaître contradictoire et obscure, se justifiera bien plutôt par sa logique et sa puissance de clarification.

***

Que l'on ne s'attende pourtant point à trouver dans cet ouvrage un exposé critique exhaustif des fondements méthodologiques de la notion d'inconscient. Une analyse préalable des concepts *psychisme* et *conscience* serait nécessaire, et nous renverrait finalement à des problèmes qui dépasseraient l'objet — limité — du présent ouvrage. A peine aborderons-nous, pour éclairer certains points du freudisme, des questions importantes comme celle du statut de l'inconscient dans l'ordre de l'existence : est-il *substance*, ou *qualité* ? est-il *un* ou *multiple* ? Nous nous contenterons de reconnaître, avec Freud dans ses dernières conceptions et la plupart des psychanalystes actuels, qu'il serait préférable d'utiliser le terme « inconscient » à titre d'adjectif, et non en tant que substantif — et d'indiquer la tendance générale à pluraliser les opérations et les fonctions qu'il est ainsi amené à qualifier. Aussi bien, comme chaque auteur apporte sa pierre, et met en valeur sa zone propre de recherches, est-il nécessaire — sans préjuger des conclusions auxquelles pourrait aboutir une étude sur les possibilités de synthèse — d'étudier séparément l'inconscient défriché par les divers théoriciens. Ainsi : l'inconscient selon Janet, Freud, Jung, Lacan etc.

Nous avons cru bon de suivre un plan historique. Il donne, à notre sens, plus de force à l'exposé, en faisant saisir les filiations qui relient les découvertes successives. Actuellement, il est difficile de parler d'inconscient sans se référer aux schémas analytiques de Freud. Mais les thèmes freudiens prennent eux-mêmes racine dans les expériences faites, après 1880, à l'école de la Salpêtrière de Charcot, ou par Bernheim, à Nancy. Enfin, antérieurement à ces recherches, de véritables « philosophies de l'inconscient » (dont celle de von Hartmann est la plus connue) avaient créé une ambiance favorable à la reconnaissance de l'activité inconsciente ; il est de notre propos de ne pas négliger cet arrière-plan philosophique.

Ce petit volume contiendra donc trois parties : la première envisagera l'*inconscient avant Freud* et se subdivisera en deux chapitres, l'un consacré aux philosophes précurseurs, l'autre aux travaux expérimentaux ; la seconde partie envisagera les *déterminations freudiennes de l'inconscient ;* la troisième étudiera les répercussions des schémas freudiens, et les modifications qui leur furent apportées, les incidences artistiques et littéraires de la psychologie de l'inconscient : cette troisième partie s'intitulera l'*inconscient après Freud.*

PREMIÈRE PARTIE

L'INCONSCIENT AVANT FREUD

Chapitre Premier

LES PHILOSOPHIES DE L'INCONSCIENT

Ce sont les grandes métaphysiques allemandes de l'époque post-kantienne, en particulier celles de Schelling, Hegel et Schopenhauer qui ont permis à la notion d'inconscient d'être « lancée » philosophiquement dans toute son ampleur. Deux systèmes en effet, qui se présentent expressément comme des « philosophies de l'inconscient », celui de Carl-Gustav Carus et celui de von Hartmann, ont des filiations directes avec ces métaphysiques, dont le point commun est de concevoir le monde, la Nature, comme le produit ou le développement d'un « principe » : l'*Absolu* de Schelling, l'*Idée* de Hegel, la *Volonté* de Schopenhauer. En élevant l'*Inconscient* à la dignité d'un tel « principe », Carus et Hartmann allaient émettre des hypothèses fécondes.

Avant d'en analyser la substance, nous dirons quelques mots du système de Schopenhauer. Il a, en effet, bien des aspects avant la lettre d'une philosophie de l'inconscient.

I. — Schopenhauer

La philosophie de Schopenhauer a été exposée dans *Le monde comme volonté et comme représentation* paru en 1818. Les thèmes principaux en sont les suivants : le Monde, en son essence, est *Volonté* ; par ce mot, Schopenhauer entend une force irrationnelle et active, de l'ordre de la force agissante, du dynamisme que nous sentons à la racine de notre être. La Volonté s' « objective », c'est-à-dire débouche dans le monde de la représentation suivant une infinité de degrés, qui vont des forces matérielles jusqu'à l'homme, en passant par les minéraux, les végétaux, les animaux. Toute force de la Nature est donc volonté ; c'est une même et unique volonté qui s'extériorise dans les liens de la causalité physique, dans les réactions des plantes aux excitations extérieures, dans l'action humaine. L'Homme est le point d'aboutissement de la volonté en son ascension, il est le sommet de la pyramide formée par les degrés d'objectivation de la volonté.

Plaçons-nous donc du point de vue de la psychologie humaine. L'essence de l'homme est à un degré d'objectivation déterminé, cette volonté sans conscience. C'est pourquoi, explique Schopenhauer dans un célèbre chapitre sur le *Primat de la volonté sur l'intellect* (*Monde*, t. II), la connaissance, la raison, en bref l'intellect sont au service de cette force. Ainsi, nos décisions « libres », loin d'être la résultante de motifs clairement réfléchis, sont en réalité la manifestation de notre volonté essentielle. Traduisons : les motifs conscients de nos actes ne sont qu'un paravent. « L'intellect, dit Schopenhauer, est tout à fait étranger aux résolutions de la volonté... *Il faut qu'il la prenne en flagrant délit pour deviner ses intentions véritables* ». Souvent, en effet, nous ignorons à quel point nous nous sommes faits complices d'un plan que nous échafaudons : seule une nouvelle favorable à son exécution nous révèle, par la joie intense qui nous inonde, avec quelle force notre volonté était attachée à ce plan. Inversement, il nous arrive de prendre après mûres réflexions une décision que, dans notre for intérieur, nous n'approuvons pas. Qu'une circonstance extérieure vienne à en entraver la réalisation, alors seulement nous prenons conscience que nous nous étions mépris sur notre réel désir. Tout cela, aux yeux de Schopenhauer, confirme le fait que « le Maître, c'est la volonté, le serviteur, c'est l'intellect », d'où provient cette observation à première vue paradoxale que l'*homme peut ignorer les motifs véritables de ses actions.*

II. — Carl-Gustav Carus

C.-G. Carus (*Vorlesungen über Psychologie*, 1831 ; *Psyché*, 1846), doit beaucoup à Schopenhauer, tout en se rattachant à Schelling. Son Inconscient semble un principe divin qui préside à la fois à l'organisation du monde, à notre vie organique et à notre vie spirituelle. En ce sens, Carus écrit : « L'inconscient est l'expression subjective désignant ce qu'objectivement nous connaissons sous le nom de Nature. » Ainsi comme pour Schopenhauer, il y a identité du tréfonds de toute existence ; il y a, également, une série d'étapes avant que n'apparaisse la conscience : d'abord l'Idée inconsciente crée l'organisme de l'individu ; puis apparaît une première conscience, conscience du monde extérieur, associée par l'instinct à la vie organique ; enfin, l'esprit se manifeste avec la conscience de soi. Une fois ce dernier stade atteint, l'inconscient et le conscient demeurent en dialogue incessant ; une influence perpétuellement fécondante, créatrice d'énergie et d'habileté, manifeste l'action sans trêve de l'inconscient.

Dans la vie de l'Ame, Carus distingue deux sortes d'inconscient, l'un dont les contenus sont absolument inaccessibles à la lumière de la conscience, l'autre qui est le fruit de la dégradation de certaines opérations conscientes. « Il est une région de la vie de l'Ame où réellement ne pénètre jamais aucun rayon de conscience : nous pouvons donc l'appeler *Inconscient absolu*... En outre, vis-à-vis nous avons un *Inconscient relatif*, c'est-à-dire ce domaine d'une vie déjà parvenue réellement à la conscience, mais qui temporairement est *redevenue inconsciente* (1). »

D'autre part, le *sentiment* suivant de belles analyses de Carus ne saurait être compris sans recourir à l'Inconscient : « Tout ce qui travaille, crée, agit, souffre, fermente et couve dans la Nuit de notre âme inconsciente — tout ce qui s'y manifeste, d'une part dans la vie de notre organisme, d'autre part dans les influences que nous recevons des autres âmes et de l'univers entier — tout cela monte, avec un accent tout particulier, de la nuit inconsciente à la lumière de la vie consciente ; et ce chant, cette merveilleuse confidence de l'Inconscient au Conscient, nous l'appelons : sentiment. »

Enfin, si le sentiment participe, dans sa nature, à la vie inconsciente, le rêve est l'irruption même de l'inconscient dans le conscient. Le monde des rêves naît « des idées et des sentiments qui, à l'instant de cette plongée dans l'Inconscient, continuent à se dérouler et à émerger périodiquement ». Le rêve est donc le fruit de la double existence de l'âme,

(1) Distinction importante : c'est en particulier, avant la lettre, celle que Freud fera entre « inconscient » et « préconscient ».

à la fois consciente et inconsciente, le fruit du mariage entre le conscient et l'inconscient. « Par là s'explique la poésie particulière des rêves... En choisissant les images qui correspondent à ses sentiments, l'âme procède exactement comme le poète éveillé qui évoque également et cherche à amener, jusqu'à la plus grande netteté, des images qui soient adaptées aux sentiments qui s'agitent au fond de son âme »

Et voici la formule de Carus qui résume l'intuition de sa philosophie : « La connaissance de la vie psychique consciente a sa clef dans la région de l'Inconscient. »

III. — E. von Hartmann

Le système de von Hartmann enfin (*Philosophie de l'Inconscient*, 1869), comme les deux précédents, est, avant tout, spéculation métaphysique. Il s'agit d'une sorte de panthéisme hégélien où l'Inconscient représente l'âme universelle, l'Un Tout qui apporte, au sein de la nature, une logique immanente. Nous n'avons point à insister sur cet aspect de l'ouvrage d'Hartmann, mais plutôt sur les nombreux chapitres où il est établi que non seulement l'inconscient intervient dans les processus de la vie organique, mais encore que l'activité consciente de la pensée repose nécessairement sur une activité inconsciente.

Hartmann a eu, en effet, le mérite de distinguer clairement l'inconscient dans la vie corporelle et l'inconscient dans l'esprit humain. Il se représente le premier comme l'âme qui dirige la finalité organique : l'organisme en effet, dit-il, est inexplicable comme simple mécanisme ; il y a un psychisme de l'organisme, et c'est l'inconscient. Les réflexes, par exemple, sont des mouvements de réaction « dont les lois générales de la matière ne suffisent pas à expliquer la production... le principe intérieur d'un réflexe ne peut jamais être qu'un principe spirituel et inconscient ». L'*instinct*, de même, présente une finalité inconsciente ; il est « une activité qui poursuit un but sans en avoir conscience ». La nutrition demande également l'action dirigeante d'un principe psychique : « Puisque, dit Hartmann, aucune explication matérialiste ne peut rendre compte de ce changement si intelligent, il faut bien le rapporter à l'intervention intelligente d'une volonté intelligente »... Bref, une providence individuelle vit en chacun de nous, au fond des phénomènes physiologiques eux-mêmes.

En ce qui concerne la vie proprement spirituelle, Hartmann signale divers processus inconscients jouant dans la perception, la formation des concepts, les raisonnements. D'autre part, l'inconscient gouverne les sentiments : l'*amour* est un vouloir poursuivant un but sans conscience, le *plaisir* l'écho des satisfactions ou des contrariétés d'une volonté qui s'ignore. Reprenant Schopenhauer, Hartmann explique comment « il nous arrive souvent d'éprouver du plaisir à faire des actions que nous condamnerions à l'avance, et pour lesquelles nous croyions avoir de l'antipathie. Cela n'indique-t-il pas clairement que notre volonté poursuivait au fond d'autres fins que celles que notre conscience lui prêtait ? »

Les *découvertes géniales* enfin ont leur source dans l'inconscient, elles sont toujours le fruit d'une « rumination inconsciente », d'une « digestion sourde des idées » qui les prépare. « Je suis persuadé que l'action de semblables processus est décisive même dans les questions peu importantes, pourvu qu'elles nous intéressent avec quelque vivacité, et que par conséquent, dans toutes les questions qui se rapportent à la vie, l'inconscient suggère la propre et véritable solution : ce n'est qu'après coup que les raisons sont cherchées par la conscience, et alors que notre jugement est déjà arrêté. » Il y a donc une parenté de fonctionnement entre l'inconscient qui produit l'œuvre de génie, et l'inconscient qui guide nos pas dans nos décisions. *La vie consciente entière est sous l'influence dominatrice du psychisme inconscient.*

Finalement, si l'on veut lier l'inconscient dans le corps et l'inconscient dans l'esprit, il faudra définir « l'âme individuelle comme la totalité inconsciente et une des fonctions organiques et psychiques de l'individu ».

IV. — Conclusions

Nous avons essayé dans l'exposé de ces trois philosophies, de séparer la toile de fond métaphysique des apports plus concrets. Pourtant, cette séparation est artificielle, et, pour préciser les éléments réellement valables qu'elles apportent, il faudrait « décanter » en quelque sorte la notion d'inconscient qu'elles nous fournissent.

Tout d'abord — c'est trop évident — les systèmes d'Hartmann et de Carus sont des *panpsychismes.* L'idée d'Inconscient leur permet d'introduire, conformément à la vision du monde de leurs auteurs, le psychisme jusque dans la matière. Cette manière d'opérer peut se justifier philosophiquement. Mais pour nous, qui nous plaçons sur le plan des faits humains, elle risque de nous faire confondre l'inconscient psychologique avec ce qu'il n'est pas : par exemple avec une activité physiologique ou organique.

De fait, il faut, du point de vue d'une notion

cohérente de l'inconscient, se garder de voir de l'inconscient où il n'y a que du physiologique. Hartmann, dans une partie de son livre, s'est efforcé de montrer du psychique où nous parlons de physiologique. C'est son droit : mais, si l'on s'abstient de philosopher sur l'essence de la nature, il est nécessaire de séparer les deux domaines. Aussi, pour le psychologue, le physiologique ne saurait être ni conscient, ni inconscient ; on ne peut parler d'inconscient qu'au sujet d'états ou d'actes qui pourraient être conscients, c'est-à-dire qu'au sujet de faits psychologiques.

Malgré tout, dans le domaine proprement psychique, les philosophies de l'inconscient auront été fécondes. Elles ont mis en valeur l'idée d'une *force inconsciente* qui gouvernerait l'activité consciente ; elles ont vu que l'inconscient soutient normalement le conscient, à titre d'*instinct* ou de tendance ; elles ont analysé avec bonheur le rôle de l'inconscient dans les décisions volontaires, les sentiments, le rêve, le génie.

Aussi comprend-on qu'en 1880 une thèse de psychologie intitulée *Etudes sur la vie subconsciente de l'esprit* pouvait se réclamer explicitement des métaphysiques de l'inconscient. Son auteur, E. Colsenet, écrivait en tête de l'ouvrage : « Au-dessous de la surface lumineuse qui s'offre à l'observation intérieure s'étend une région obscure et inaperçue, peuplée de phénomènes psychologiques dont nous ne saisissons que les derniers effets diversement combinés et modifiés... Chaque fait conscient plonge ses racines dans l'inconscient. »

A cette époque d'ailleurs, l'idée d'inconscient s'imposait à des chercheurs plus loin de la philosophie, plus près des faits d'expérience. Nous allons donc les suivre.

CHAPITRE II

LES PREMIERS RÉSULTATS EMPIRIQUES

Les premiers faits de l'ordre de l'expérience, aptes à fournir une détermination scientifique de l'inconscient, furent le fruit de recherches médicales. A partir de la seconde moitié du XIXe siècle en effet, les milieux médicaux s'intéressent vivement à une maladie nerveuse, fertile en manifestations de nature inconsciente, l'*hystérie*. En même temps, l'*hypnotisme* est à la mode, tant dans un but thérapeutique qu'au point de vue spectaculaire — et ceux qui ont parfois assisté à des séances d'hypnotisme savent les nombreux phénomènes inconscients qui peuvent naître de l'état d'hypnose. Enfin, des études portant sur des observations de *dissociation de la personnalité* ajoutent encore à la moisson d'expériences mettant en valeur le subconscient.

Certes, de tous les faits rapportés, certains sont plus démonstratifs, d'autres le sont moins. Parfois ils n'ont d'intérêt que par solidarité avec leur interprétation. Et surtout, ils ne se rapportent pas tous au même inconscient : par exemple tel fait se rattachera à la persistance de souvenirs hors de la conscience ; tel autre à des mouvements intelligents effectués hors de cette conscience. De toute évidence, les deux cas, même si on peut leur découvrir une origine commune, plaident en faveur de domaines différents de l'inconscient. Aussi doit-on faire un tri parmi la quantité des expériences qui furent faites à cette époque.

Les ouvrages importants à leur sujet sont ceux de Pierre Janet, dont il faut surtout citer *L'automatisme psychologique*, qui date de 1889 ; de Binet (*Les altérations de la personnalité*, 1892) ; de Ribot (*Les maladies de la personnalité*, 1884, *La vie inconsciente et les mouvements*, 1914). Il faut y ajouter les *Leçons sur les maladies du système nerveux*, de Charcot (1890). Charcot, en effet, est à l'origine des études de cette époque sur l'hystérie : il est le premier à avoir conçu cette névrose comme une maladie psychique. C'est lui qui groupa, à la Salpêtrière, un ensemble de chercheurs, dont Janet et Binet, qui formèrent « l'école de la Salpêtrière ».

D'autre part, parallèlement, d'autres médecins poursuivaient, à Nancy, des expériences sur la thérapeutique hypnotique intéressant notre sujet. Il faut citer les ouvrages de Bernheim qui en tirent les conclusions (*De la suggestion et de ses applications thérapeutiques*, 1886 ; *Hypnotisme, suggestion, psychothérapie*, 1891).

I. — Distraction et écriture automatique

Parmi les faits mis alors en valeur, un premier groupe se rattache directement à l'étude de la névrose hystérique. Commune, malgré l'étymologie, aux deux sexes, elle se manifeste par divers « symptômes » que Charcot et Janet avaient coutume de diviser en « stigmates » — troubles intellectuels et moteurs, tels qu'amnésie, anesthésies, aboulie — et en « accidents » — tels que paralysies, contractures, convulsions. Selon Charcot, ces symptômes divers devaient avoir une origine psychique puisque, d'après ses expériences, certains pouvaient être provoqués et interrompus par suggestion hypnotique ; c'est pourquoi Charcot attribuait l'hystérie à l'autosuggestion (1).

Deux sortes de symptômes, en particulier l'*anesthésie partielle* et la *distraction*, s'ils revêtent une certaine importance, étaient considérées comme des données suffisantes pour « voir à l'œuvre » certains aspects de l'activité inconsciente avec une certitude quasi expérimentale.

Ecriture automatique. — Pierre Janet définit « *acte* inconscient » une « action ayant tous les caractères d'un fait psychologique sauf un, d'être toujours ignoré par la personne même qui l'exécute au moment même où elle l'exécute ». Marcher, s'asseoir, tourner la page d'un livre sont de ces actes que nous exécutons automatiquement, sans y penser. Ils présentent un aspect inférieur d'inconscience.

Or, chez certains hystériques, il est possible, en mettant à profit l'anesthésie d'une partie de leur corps, surtout lorsqu'il s'agit d'un bras, de mettre en évidence des *actes inconscients « intelligents » diversifiés, en relation avec une activité psychique s'exerçant absolument en dehors de la conscience principale.* On se trouve alors en présence, non point seulement de segments de comportements inconscients, mais d'opérations mentales inconscientes, qui apparaissent comme nécessairement liées à ces actes.

Voici une expérience typique : lorsque le bras d'un hystérique est anesthésique, le sujet ignore tout de ce qui s'y passe.

(1) Charcot est le premier qui ait lié hystérie et suggestion. Ce point de vue a été repris par Bernheim, Babinski, Janet. De nos jours, les tendances mythomaniaques, la suggestibilité des hystériques continuent à faire partie du tableau symptomatique de cette névrose. Mais, à la suite des découvertes de Freud, dont nous parlerons, ces symptômes sont mis en rapport avec la disposition hystérique à exprimer par des manifestations corporelles des conflits affectifs inconscients (symptômes dits « de conversion »).

L'expérimentateur le cache alors de la vue par un écran, et fait d'abord exécuter à la main divers mouvements, que, laissée à elle-même, elle continue d'exécuter. En plaçant entre le pouce et l'index un crayon dont la pointe est posée sur une feuille de papier soutenue par une planchette, l'expérimentateur « suggère » alors à la main divers mouvements graphiques : mots divers, etc. Il arrive alors, non pas toujours, mais dans des cas assez nombreux, qu'il suffise d'un seul mot écrit de la sorte pour qu'à la suite de ce premier mot la main, laissée à elle-même, en écrive un second, puis des pages entières sans que le sujet en ait conscience, sans qu'il cesse de parler d'autre chose. C'est le phénomène d'*écriture automatique*. On peut la définir une *écriture produite inconsciemment bien que, par ailleurs, le sujet qui écrit soit en état conscient et ignore que sa main est en train d'écrire*. Le sujet prend connaissance pour la première fois de ce que sa main a écrit, et du fait même qu'elle a écrit, en lisant le texte.

Ce phénomène peut être réalisé, et il l'a été, chez ce qu'on est convenu d'appeler des « sujets normaux ». Mais il est plus compliqué, alors, de l'obtenir. C'est pourquoi l'étude des hystériques, en le « grossissant », l'a fait mettre en valeur. Ce qu'il enseigne, c'est qu'une activité inconsciente peut avoir tous les caractères de ce qui découle d'une intelligence consciente d'elle-même ; raisonnements, compositions originales en vers, voire calcul mathématique, peuvent s'y manifester. Ils renvoient donc à un « *personnage inconscient* » qui se souvient (puisque les écrits en question ont parfois rapport à des événements passés), réfléchit (puisqu'ils sont intelligents), et possède une *existence psychologique*.

Distraction. — La capacité de *distraction* des hystériques conduit aux mêmes conclusions. On sait que, lorsque notre attention se porte avec force sur un objet, nous ne pensons pour un moment à rien d'autre, et si, par exemple, nous sommes absorbés par une lecture attachante, il peut arriver que d'autres personnes conversent autour de nous sans que nous entendions leurs voix. L'attention ne va pas sans distraction, et la distraction produit l'inconscience. Or les hystériques se laissent distraire avec une étonnante facilité — leur maladie pourrait presque se définir une distractivité exagérée — et, dès qu'ils parlent avec une autre personne, ils oublient facilement l'expérimentateur. Alors de curieuses expériences sont possibles. L'expérimentateur « oublié » s'approche derrière le sujet qui converse, prononce quelques mots à voix basse, par exemple un ordre : porter la main à la tête ; le sujet, inconsciemment, l'exécute (il porte ainsi la main à sa tête, sans savoir ni pourquoi ni comment). L'expérimentateur peut aussi « convenir » d'un geste, signifiant oui, ou non, destiné à servir de réponse à une question. Il peut aussi faire intervenir l'écriture automatique : « Quel est votre nom ? » Et le sujet, à qui on a glissé un crayon entre les mains, répond par l'écriture à la question. Tout cela — conventions, gestes, écriture — est le fait de « l'inconscient » qui, non seulement, comme dans les expériences portant sur l'insensibilité, se souvient et réfléchit, mais encore entend, et possède des perceptions.

De nombreuses analyses de Janet ont pour objet les manifestations communes de cet inconscient et les conclusions que la psychologie pratique peut en tirer : un observateur exercé ne pourrait-il pas lire, par exemple, rien que par certains mouvements inconscients, les idées, *même non avouées*, de son interlocuteur ? La lecture de pensée, pratiquée par certains devins, ne s'explique-t-elle pas par nos mouvements inconscients (1) ? Il n'est jusqu'au spiritisme que Pierre Janet et Léon Binet ne rattachent à la possibilité d'une totalité inconsciente d'idées et de mouvements. Les « médiums » seraient

(1) Le « devin » en effet qui, vous tenant par la main, se dirige vers le lieu de la salle de spectacle où vous avez caché un objet, ne fait que suivre les mouvements inconscients de la main. Sur tous les faits de ce genre voir, outre *L'automatisme psychologique*, le chapitre V de l'ouvrage de BINET, *Les altérations de la personnalité*.

en effet des individus qui peuvent avec grande facilité donner libre voie à leur « personnage inconscient ».

II. — Somnambulisme et hypnose

Mais laissons ces hypothèses, et abordons un second groupe de faits, plus complexes et plus délicats à interpréter. Ce sont les faits de suggestion, d'hypnose et de somnambulisme, avec réalisation d' « états seconds » où des modalités diverses du subconscient semblent se donner rendez-vous. En effet, on va à présent se trouver devant des cas où ce sont des conduites globales de l'individu (et non des segments de conduite) qui se déroulent en l'absence de toute conscience, sans laisser de renvoyer également à des opérations mentales inconscientes. Puis, avec les « suggestions post-hypnotiques », devant des cas où certaines opérations psychiques inconscientes motivent avec évidence des conduites conscientes.

La suggestion. — Les états hypnotiques sont le produit de la suggestion. Eux-mêmes exaltent la suggestibilité, c'est-à-dire l'aptitude à subir la suggestion. Ici encore, les expériences ont surtout porté sur les hystériques, étant donné, précisément, leur grande suggestibilité. Le phénomène de suggestion se ramène en effet au développement complet et automatique, en dehors de la volonté et de la conscience d'une idée reçue d'une autre personne. Cette idée tend à se faire acte, c'est-à-dire à se « réaliser » comme image, sensation ou mouvement. On se doute que les hystériques, dont nous avons vu la facilité à manifester une sorte de « personnage inconscient » sont tout disposés à subir la suggestion.

Pour Charcot, si les « sujets normaux » sont susceptibles, dans certaines conditions, d'être suggestionnés (on cite par exemple les bâillements et les rires contagieux dans une salle), on ne peut réaliser l'hypnose, résultat d'une suggestion de sommeil, qu'avec les hystériques. L'hypnose serait ainsi une manifestation hystérique, réussissant uniquement avec les hystériques. Ce point de vue semble trop étroit, et Bernheim affirme au contraire que l'hypnose réussit avec nombre de sujets non hystériques, et est donc un phénomène bien plus général. Bernheim est parvenu, grâce à la suggestion, pendant l'hypnose, à guérir diverses maladies nerveuses, et même des maladies organiques.

Hypnotisme et hypnose. — Lorsqu'un sujet, donc, a pu accueillir une suggestion particulière, la *suggestion de sommeil*, l'expérience montre qu'il est alors, au plus haut point, disposé à accueillir de nouvelles suggestions. Pour provoquer le sommeil hypnotique, les anciens « magnétiseurs » employaient des passes diverses et compliquées ayant pour objet d'impressionner le sujet. (Par exemple, on recommande de prendre les pouces du sujet à endormir, puis d'élever les mains jusqu'à la hauteur de sa tête, de les ramener le long des bras et du corps, de les remonter, et ainsi de suite — le tout en fixant les yeux du sujet avec intensité.) A l'époque de Charcot et de Bernheim, les frais sont moindres : on se contente, parfois, de faire fixer au sujet un objet brillant placé non loin des yeux, et un peu en haut, de façon à provoquer une attention fatigante, et, une fois dans cet état, l'ordre est calmement donné de dormir ; Bernheim dit qu'une fois le sujet persuadé de son proche sommeil, il suffit d'approcher la main des yeux pour que les paupières se ferment. Il y aurait donc un phénomène d'auto-suggestion à la base de l'hypnose, puisque c'est la propre foi de l'hypnotisé qui, en somme, l'a endormi.

L'état d'hypnose est plus ou moins profond suivant les cas, et il va de l'engourdissement à une profonde somnolence. Ce sont surtout les états profonds qui offrent de l'intérêt

Le somnambulisme hypnotique. — En effet, un hypnotisé est capable d'exécuter un grand nombre d'actions très diverses, pour peu qu'on les lui suggère, tout en ayant une conduite *entièrement* inconsciente. Comme dans les expériences précédentes relatives à la distraction hystérique, des idées « fonctionnent » et provoquent des mouvements dans une entière subconscience. Bernheim dit à un sujet : « Prenez cette orange » (elle est fictive) ; il la prend. « Mangez-la. » Il fait le geste d'enlever l'écorce, de diviser l'orange en tranches et de savourer chacune d'elles. Il est inutile d'insister sur les expériences de ce genre, dont beaucoup ont été spectateurs.

Plus intéressantes sont les observations relatives à l'*hypermnésie* que manifestent les hypnotisés en somnambulisme. De même que, dans l'inconscience de l'écriture automatique, des souvenirs viennent se glisser dans le texte écrit, qui appartiennent à un lointain passé, et auraient eu toutes chances de rester ensevelies si des conditions spéciales n'avaient été réalisées — de même, en les faisant « se raconter », « il est étonnant de voir combien les sujets mis en somnambulisme retrouvent avec netteté et avec précision des souvenirs, des idées dont ils n'avaient aucune conscience pendant la veille » (Janet). On dirait que l'hypnose provoque une sorte de mise à jour d'une existence psychologique plus vaste, faisant apparaître plusieurs groupes d'états ordinairement obscurs. De toute évidence, un nouveau type d'inconscient apparaît dans ce cas, lié fortement à la mémoire. A la faveur d'une activité subconsciente, ce n'est plus un système d'idées reçues qui se réalise, mais un ensemble de souvenirs.

Ces souvenirs ont pour particularité de s'actualiser verbalement, et de révéler leur existence, indépendamment de la conscience. Notons donc ici encore qu'un souvenir peut s'actualiser sans que le sujet en soi conscient. Mais ce phénomène est plus patent dans le cas du somnambulisme que dans l'écriture automatique, où nous l'avions déjà remarqué, puisque la conduite à la faveur de laquelle se révèle le souvenir est une conduite globale, quoique inconsciente. Nous assistons à une véritable *évocation* inconsciente, objectivement palpable, et partant réelle.

Les suggestions post-hypnotiques. — Mais voici à présent que d'autres observations vont nous mettre à même de saisir avec non moins d'évidence l'existence de souvenirs inconscients *non évoqués*, quoique efficaces. Il s'agit des expériences de suggestion post-hypnotique, qui établissent qu'une idée fixée dans la mémoire peut susciter des actes conscients, au sein d'un comportement globalement conscient, tout en demeurant ignorée du sujet. Nouvelle manière pour un souvenir d'être inconscient : dans le somnambulisme, on saisissait une évocation inconsciente ; maintenant, le souvenir n'est pas évoqué, mais l'observateur *sait* qu'il exerce sa puissance sur le sujet, et qu'il est le véritable instigateur de ses actions. Le principe de l'expérience est simple, et le résultat toujours clair.

Un sujet étant en état de somnambulisme, un ordre lui est donné, par exemple changer un meuble de place, ou toute autre action de ce genre, et il lui est précisé de ne l'accomplir qu'après le réveil. Le sujet, une fois éveillé, exécute l'acte *sans savoir qu'il répond à un ordre antérieur*. Voici un exemple connu de Bernheim :

« Je suggère au sujet, en présence de mon collègue, M. Charpentier, qu'aussitôt éveillé, il prendrait le parapluie de mon collègue accroché au lit, l'ouvrirait et irait se promener sur la galerie attenant à la salle, dont il ferait le tour deux fois. Je le réveille longtemps après et, avant que ses yeux ne soient ouverts, nous sortons rapidement. Bientôt nous le voyons arriver le parapluie à la main, et faire deux fois le tour de la galerie. Je lui demande : — Que faites-vous ? Il répond : — Je prends l'air. — Pourquoi ? Avez-vous chaud ? — Non, je me promène parfois. — Mais qu'est-ce que c'est que ce parapluie ? Il appartient à M. Charpentier ! — Tiens, je croyais que c'était le mien : je vais le rapporter où je l'ai pris ! »

Notons que le sujet, interrogé, ne découvre pas la véritable raison de son acte. Elle est inconsciente. « C'est à la *persistance d'une pensée subconsciente*, écrit Janet après avoir cité des expériences de ce genre, que je rapporte l'action des suggestions post-hypnotiques. L'idée qui a été suggérée pendant le somnambulisme ne disparaît pas après le réveil, quoique le sujet semble l'avoir oublié et n'en conserve aucune conscience. Elle subsiste et se développe en dehors et au-dessous de la conscience normale. »

Si le sujet est remis en état d'hypnose, l'idée inconsciente reparaît et le sujet en prend souvenir. Selon Bernheim, il serait même possible, à condition de demander au sujet un gros effort de remémoration, ou de le mettre sur la voie, d'obtenir à l'état de veille une prise de conscience de l'ordre donné. Mais ces cas paraissent rares.

III. — Les théories de Pierre Janet

Quoi qu'il en soit, on mesurera l'importance de la mise en valeur du problème de l'inconscient effectuée par toutes ces expériences.

Nous avons rencontré diverses opérations, matérielles ou mentales, soustraites à la conscience :

1) *Opérations matérielles* inconscientes,

— soit des mouvements *partiels*, des « segments » de comportement (actes habituels, écriture automatique) ;

— soit des conduites *globales*, des « totalités » comportementales (somnambulisme) ;

2) *Opérations mentales* inconscientes,

— soit *informatrices* (perception du réel extérieur, appréhension des ordres donnés) ;

— soit *intellectuelles* et *organisatrices* (raisonnements, procédés mentaux divers) ;

— soit *mnémiques* (évocation de souvenirs lors de conduites inconscientes, éléments mnémiques instigateurs, sans évocation, d'actions conscientes).

Notons bien d'ailleurs qu'il est relativement arbitraire de séparer opérations matérielles (comportement objectif) et opérations mentales (états psychiques subjectifs) puisqu'elles sont en étroit rapport et composent ensemble le champ psychologique.

Inconscient et dissociation. — Aux faits ainsi dégagés, Pierre Janet voit, sinon une unité, du moins une origine commune : la *dissociation*. Selon les théories qu'il a exposées dans ses ouvrages successifs, il y aurait manifestations inconscientes lorsque la conscience personnelle « laisse échapper » divers processus psychologiques ; l'inconscient est donc, selon Janet, le revers de la conscience qui ne peut synthétiser l'ensemble de la vie psychique. Dans un état de santé psychologique parfait, explique-t-il, la puissance coordonnatrice de la conscience serait assez grande pour que tous les phénomènes psychologiques, quelle que soit leur origine, soient réunis dans une même perception personnelle. Quand cette santé parfaite n'existe pas, une désagrégation se produit, et alors, une idée suggérée peut dominer l'activité d'un individu, les automatismes sont libérés, la mémoire inconsciente se révèle et agit.

Janet n'oublie pas que tous ces phénomènes se révèlent surtout chez les hystériques. On comprend donc que, dans *L'automatisme psychologique* aussi bien que dans ses ouvrages suivants sur *L'état mental des hystériques* (1893) et *Névroses et idées fixes* (1898), il explique l'hystérie par la désagrégation psychologique, le rétrécissement de la conscience, et insiste sur la faiblesse morale et la misère psychologique qui, selon lui, caractérise ces malades. « Ce rétrécissement du champ de conscience n'est qu'une manifestation de l'épuisement cérébral général que l'on a souvent admis : c'est une faiblesse morale particulière consistant dans l'impuissance que présente le sujet faible de réunir, de condenser ses phénomènes psychologiques, de les assimiler à sa personnalité. »

Hystérie et idées fixes subconscientes. — Ceci permet de comprendre, selon Janet, une particularité de l'état mental des hystériques : leur obéissance à des *idées fixes subconscientes*. A vrai dire, Bernheim, un peu avant Janet, avait envisagé d'expliquer certains symptômes hystériques par des idées impulsives, d'origine inconsciente, se réalisant en actes, et qui auraient un fonctionnement analogue à celui des idées suggérées à un sujet par un expérimentateur et qui donnent lieu à des souvenirs inconsciemment efficaces ; ce seraient des idées auto-suggestives de symptômes. Janet intègre cette vue dans son interprétation générale et définit ces idées fixes comme des phénomènes de suggestion, où l'on assiste au développement automatique d'une idée en dehors de la conscience, « mais qui, au lieu d'être provoqués expérimentalement, se forment naturellement sous l'influence de causes accidentelles ». Leur développement est une conséquence directe de la décomposition intellectuelle des hystériques, et l'affaiblissement de la synthèse psychique leur permet de faire de grands ravages. Telles sont les idées de suicide, d'homicide, les phobies fréquentes chez les malades en question.

Mais « comment mettre en évidence l'existence d'une idée qui, par définition, est ignorée par le malade et ne peut pas être exprimée ? », se demande Janet. En ayant recours, répond-il, à tous les procédés que les expériences sur les actes subconscients nous ont fait connaître. Les phénomènes subconscients se manifestent de bien des manières, il en est de même pour les idées fixes subconscientes.

« 1° Ces idées peuvent se développer complètement pendant les attaques d'hystérie et s'exprimer, alors, par des actes et par des paroles ; 2° Dans les rêves plus ou moins agités qui ont lieu pendant le sommeil et dans les somnambulismes qui surviennent souvent à ce moment, les idées fixes sont entièrement avouées ; 3° Dans le somnambulisme provoqué. Tantôt, abandonné à lui-même dans cet état artificiel, le malade a des rêves qu'il exprime tout haut, il se livre à des actes comme dans le somnambulisme naturel, et révèle ses pensées, tantôt il cause avec nous et répond à nos questions. *Les sujets mis en somnambulisme expliquent très clairement alors l'idée qui les obsède et rendent compte par le menu de toutes les sensations, de toutes les images qui ont déterminé et qui déterminent encore les accidents* ; 4° On sait que les pensées subconscientes peuvent se manifester même pendant la veille des malades et à leur insu. Certains actes qu'ils accomplissent automatiquement quand ils sont distraits permettent de deviner ces idées. Mais, quand, il est possible de l'employer, le procédé qui consiste à utiliser l'écriture automatique est plus précis que tous les autres. » *(L'état mental des hystériques.)*

Signalons enfin que Janet a essayé de lutter contre ces idées fixes par divers procédés : une fois une idée fixe trouvée, il la décomposait en s'attaquant successivement à ses divers éléments, ou bien, devant une hallucination visuelle paraissant irréductible, il recourait à la méthode de substitution, en métamorphosant la figure que le malade voyait dans ses rêves. Dans *Névroses et idées fixes*, il raconte comment il a pu ainsi « habiller » dans l'imagination d'un malade un cadavre terrifiant, et le rendre inoffensif.

En définitive, pour Janet : en premier lieu, tout ce qui est inconscient *provient* de la dissociation psychique ; deuxièmement, l'hystérie est une *maladie de faiblesse* : c'est à cause de cette faiblesse que des idées fixes se forment et exercent des ravages, et qu'elle devient une *maladie de l'inconscient* ; enfin, une thérapeutique de l'hystérie peut avoir pour objet : 1) la découverte des idées fixes subconscientes à l'aide de l'hypnose ; 2) l'éloignement de ces idées — ou leur anéantissement, à l'aide de rééducation (persuasion, suggestion, substitution).

De Janet à Freud. — Il faut rendre justice aux thèses de Janet : elles mettent l'accent sur l'activité coordonnatrice de la conscience, et sur les multiples points où l'inconscient apparaît comme le fruit d'une diminution de la puissance du moi. On peut cependant se demander si *tout* l'inconscient s'explique par la dissociation — notamment la mémoire inconsciente. On peut se demander également si les symptômes hystériques s'expliquent vraiment par une déficience psychologique, et si Janet a accordé, dans leur étiologie, la place qui revient aux idées subconscientes, qu'il considère en tout état de cause comme des « phénomènes tout accidentels ».

Il allait être donné à Freud, avec des points de départs analogues à ceux de Janet, de renouveler considérablement la question, en dévoilant d'autres aspects, à tous égards inconnus jusqu'alors, de l'inconscient psychologique.

DEUXIÈME PARTIE

L'INCONSCIENT SELON FREUD

CHAPITRE PREMIER

INCONSCIENT ET CONFLITS PSYCHIQUES

Notre intention n'est pas d'exposer au cours de cette Deuxième Partie la psychanalyse freudienne d'une façon exhaustive ; elle n'est même pas d'en indiquer les traits essentiels. Ce qui nous intéresse avant tout ici, ce sont les découvertes de Freud relativement au problème de l'*inconscient psychologique*. Et, s'il nous arrive de suivre en détails la naissance de la méthode « analytique », la théorie des névroses, les thèses sur la sexualité, ou l'évolution dans les diverses représentations que Freud se fait de la structure de l'appareil psychique — c'est uniquement dans la mesure où nous sommes ainsi mieux à même de comprendre ce que le psychiatre viennois entendait par « processus inconscients ».

Nous comptons en particulier dégager la notion d'inconscient chez Freud d'un certain nombre d'équivoques, tout en insistant sur ce qui est sa découverte propre, l'existence d'un « inconscient dynamique », corrélatif du « refoulement », quelle qu'ait été par ailleurs l'évolution de la doctrine et de la thérapeutique, voire même malgré le passage d'une notion *substantive* de l'inconscient à une notion *adjective*, et la multiplication des zones du psychisme conçues par Freud comme soustraites à la conscience.

On a souvent appelé la psychanalyse « psychologie des profondeurs ». Nous allons voir en quoi les processus psychiques inconscients que rencontre Freud dès 1880 sont bien « abyssaux », et fort différents des phénomènes d' « automatisme psychologique » mis jusqu'alors en valeur.

I. — Premiers travaux

Pour comprendre les théories de Freud, le mieux est d'en retracer la genèse. Pour cela, il faut nous reporter à ses tout premiers travaux (1).

Freud est né en 1856, en Moravie. Ses années de lycée terminées, « mû, dit-il, par une sorte de soif de savoir, mais qui se portait davantage sur ce qui touche les relations humaines que sur les objets propres aux sciences naturelles », il entrait, en 1873, à la Faculté de Médecine de Vienne. Bientôt, il travaille en qualité d'assistant dans le laboratoire de physiologie de Brücke, puis en qualité d'interne, à l'hôpital où il passe par divers services, tout en poursuivant des recherches sur l'anatomie du cerveau. Il publie alors l'observation de divers cas relatifs à des maladies organiques du système nerveux.

Voyages à Paris et à Nancy. — En 1885, entraîné par la renommée de l'école de Paris, il obtient une bourse de voyage et entre comme élève à la Salpêtrière où enseigne Charcot. Là, il constate la réalité des phénomènes hystériques, la présence fréquente

(1) Sur la vie de Freud, voir Marthe Robert, *La révolution psychanalytique*, 1964, Payot ; et aussi : E. Jones, *La vie et l'œuvre de Freud*, P.U.F. ; P. Gay, *Freud, une vie*, Hachette.

de l'hystérie chez l'homme, la production de paralysies et de contractures par la suggestion hypnotique, etc.

Rentré à Vienne, Freud s'établit, en 1886, médecin spécialiste des maladies nerveuses. Son arsenal thérapeutique est alors : l'électrothérapie et l'hypnose.

Dans le dessein de parfaire sa technique hypnotique, il se rend, l'été de 1889, à Nancy où il passe plusieurs semaines. Ce séjour auprès de Liébault et de Bernheim devait être d'une grande importance. Freud s'intéresse particulièrement aux expériences de suggestion post-hypnotique : le sujet qui exécute un ordre reçu en état d'hypnose avoue toujours ignorer pourquoi il exécute l'acte commandé. Pourtant, se dit Freud, *cet acte s'explique pour l'observateur* ; il est le fruit d'une cause réelle, mais non consciente. D'autre part, comme dans certains cas le sujet parvient à se remémorer l'ordre reçu, si on le presse de faire des efforts en ce sens, Freud en conclut que *les vrais motifs de nos actes ne sont pas toujours connus, quoiqu'ils puissent être révélés à nous-mêmes, le cas échéant.* Il insiste lui-même sur l'importance de ces observations dans la genèse de ses découvertes : « C'est à Nancy, écrit-il dans *Ma vie et la psychanalyse*, que je reçus les plus fortes impressions relatives à la possibilité de puissants processus psychiques demeurés cependant cachés à la conscience des hommes » (1).

L'observation du Dr Joseph Breuer. — Quelques années auparavant, en 1880-1882, une observation du Dr Joseph Breuer, l'un des médecins pratiquants

(1) *Ma vie et la psychanalyse*, 1925, trad. M. Bonaparte, N.R.F. Cet ouvrage a été traduit ultérieurement sous le titre *Sigmund Freud présenté par lui-même*, par F. Cambon, « Folio-essais », en 1984.

les plus en vue de Vienne, l'avait déjà mis sur la voie. Il s'agit d'une observation d'un cas d'hystérie, où la réminiscence, dans l'état d'hypnose, de certains souvenirs avait provoqué la guérison. La malade, une jeune fille, présentait divers symptômes hystériques : paralysies, contractures, confusion mentale. Breuer s'aperçut fortuitement qu'on pouvait la délivrer de l'un de ces troubles, quand il se produisait, en la mettant à même d'exprimer verbalement ce qu'elle ressentait. Il entreprit donc de la plonger dans l'hypnose, et de la faire se raconter. Ainsi les divers symptômes, même physiques, purent-ils disparaître. Freud, mis au courant par Breuer, profita donc de cette découverte importante : des symptômes névrotiques étaient en relation avec des événements apparemment oubliés du passé, et le simple fait de se ressouvenir de ces événements parvenait à faire disparaître les symptômes. *Il y avait donc un lien entre l'ignorance de certains souvenirs et l'existence de symptômes* : à l'état de veille, la jeune fille n'aurait pu dire comment ces derniers avaient pris naissance, et ne trouvait aucun rapport entre eux et une impression quelconque de sa vie, mais l'hypnose avait pour résultat de découvrir ce rapport caché.

Les souvenirs ainsi rappelés remontaient à des événements ayant impressionné vivement la jeune fille, dans le temps où, enfant encore, elle avait dû soigner son père malade ; ils avaient provoqué une blessure dans son psychisme. Comme le fait de les faire reparaître avait un effet curatif, Breuer et Freud basèrent leur méthode thérapeutique sur cette observation, et l'appelèrent « méthode cathartique » (nettoyage de l'esprit). En 1893, on les voit publier un ouvrage commun, *Du mécanisme psychique des phénomènes hystériques*. On y lit : « Les divers symptômes de l'hystérie ne sont pas des manifestations spontanées, idiopathiques de la maladie, mais sont en étroite connexion avec un trauma provocateur qu'il est possible de retrouver par hypnose et dont la prise de conscience par les malades provoque régulièrement leur guérison. »

Premières conclusions. — Les expériences de Bernheim avaient montré à Freud la possibilité d'une causation réelle, mais inconsciente de certains actes. L'observation de Breuer ne pouvait qu'appuyer cette conclusion : les symptômes névrotiques de l'hystérique étaient certainement *causés* par les événements remémorés, quoique ces événements fussent, jusqu'à la réminiscence dans l'hypnose, totalement oubliés. Il fallait mettre la névrose en relation avec des *traumas* originels, appartenant à l'histoire psychique de l'individu. Mais ces traumas agissaient sans que le sujet en fût conscient, sans qu'il le sache, sans qu'il en ait le *souvenir conscient*. Dans le fond, il se comportait comme l'hypnotisé de Bernheim qui exécutait, sans pouvoir le motiver, l'ordre de s'emparer d'un parapluie, il était *sous la dépendance de son inconscient.*

Freud étudie alors, de ce point de vue, outre l'hystérie, une autre névrose caractéristique : la névrose obsessionnelle. Cette névrose se manifeste en ce que les malades sont préoccupés par des idées auxquelles ils ne s'intéressent pas, éprouvent des *impulsions* qui leur paraissent tout à fait bizarres et sont poussés à des actions dont l'exécution ne leur procure aucun plaisir — tel ce malade qui, dans la rue, ne peut dépasser un certain numéro : s'il tente d'aller plus loin, un vertige et une angoisse atroce le saisissent — ou encore, ce cas, cité par Freud, d'une dame qui exécutait plusieurs fois par jour l'action obsédante suivante, tout à fait remarquable : elle se précipitait de sa chambre dans une autre pièce contiguë, se plaçait devant la table occupant le milieu de la pièce, sonnait sa femme de chambre, la renvoyait puis revenait précipitamment dans sa chambre.

Freud étudie donc cette forme de névrose et acquiert la conviction qu'elle est, elle aussi, inexplicable sans admettre l'existence de processus inconscients dans son étiologie. Ces représentations et impulsions venant on ne sait d'où, réfractaires à toutes les influences de la vie normale et qui apparaissent au malade lui-même comme des hôtes tout-puissants venant d'un monde étranger, Freud y voit l'indice évident de l'*inconscient.*

A cela s'ajoute, comme le succès de la méthode cathartique le prouve, qu'il y a entre l'inconscience des causes et l'existence des symptômes une relation de remplacement réciproque. Donc, non seulement toutes les fois qu'il y a symptôme, il faut conclure chez le malade à certains processus inconscients qui contiennent précisément le *sens* de ce symptôme ; mais encore, ce sens doit nécessairement être inconscient pour que le symptôme se produise.

On remarquera la parenté de ces conclusions avec les théories de Pierre Janet qui, de son côté, expliquait l'hystérie par des « idées fixes subconscientes ». Mais jamais Janet n'a conclu à une relation *nécessitante* entre l'inconscience de ces idées et les symptômes. De plus, Janet, loin d'employer la méthode cathartique pure afin de supprimer les symptômes, employait, nous l'avons vu, une thérapeutique active de substitution. Il signale seulement « par curiosité » dans *L'automatisme psychologique* le cas d'une malade, Marie, où des réminiscences hypnotiques avaient balayé des symptômes. Aussi peut-on dire que Janet n'a pas soupçonné l'importance *fondamentale* de l'inconscient dans l'hystérie, comme *cause* même des symptômes de cette névrose. Lorsque Janet parlait d'idée fixe subconsciente, le terme fort était l' « idée fixe ». Pour Freud, le terme fort, c'est l'adjectif « subconscient ». *La méthode thérapeutique ne doit pas s'attaquer à l'idée fixe, mais à son inconscience.*

Il serait donc erroné de vouloir rattacher les découvertes de Freud à celles de Janet, malgré leur parenté initiale. En parlant d'inconscient, Freud, dès 1895 (date où paraissent les *Etudes sur l'hystérie*, en collaboration avec Breuer), avait en vue un autre objet que Janet.

II. — La méthode associative et le refoulement

Après 1895, Freud se sépare de Breuer et s'adonne seul à ses recherches sur l'hystérie, la névrose obsessionnelle, la névrose d'angoisse et autres maladies similaires. Bientôt il s'aperçoit de la valeur cathartique limitée de l'hypnose : applicable aux uns, elle ne l'est pas aux autres ; très efficace chez les uns, elle l'est peu chez les autres ; de plus, ses effets apparaissent instables, et il se produit des récidives de la névrose après une pseudo-guérison ; enfin, « pour le médecin, cela devient à la longue monotone d'avoir recours dans tous les cas aux mêmes procédés, au même cérémonial, pour mettre fin à l'existence des symptômes les plus variés, sans pouvoir se rendre compte de leur signification et de leur importance ; ... travail de manœuvre rappelant plutôt la magie, l'exorcisme et la prestidigitation ».

Freud cherche donc une autre technique, capable d'élargir le champ de la conscience des patients, et de mettre à leur disposition, lors d'une conduite normale, et non à la faveur d'une activité somnambulique et subconsciente, un savoir jusque-là inconscient. Et, là encore, l'enseignement des expériences de Bernheim lui ouvre de précieux horizons : quand Bernheim éveillait le sujet de son état de somnambulisme, ce dernier semblait avoir perdu tout souvenir de ce qui s'était passé durant cet état ; mais, dans certains cas, sommé de se souvenir, des réminiscences d'abord hésitantes et discontinues, puis parfaitement claires parvenaient à sa conscience. Freud décide donc de faire de même, et d'essayer, par ses affirmations, ses sollicitations, de *ramener à la conscience des sujets les souvenirs traumatisants, en faisant appel aux procédés normaux d'évocation.*

La méthode associative. — Or, le processus psychologique qui, en règle générale, préside à l'évocation des souvenirs avait été depuis longtemps décrit sous le nom d'*association des idées.* On sait qu'est désigné par ce terme le lien selon lequel une idée ou image suscite la venue à la conscience d'une autre idée ou image : A (état de conscience inducteur) évoque B (état de conscience induit) ; B se comportant comme inducteur lui-même évoque C, etc. Tel est le schéma simple de l'association. En fait, ce schéma doit être compliqué, un état inducteur provoquant non pas un, mais plusieurs états induits.

Quoi qu'il en soit, comme écrit, dans son *Traité de psychologie,* Maurice Pradines : « L'association des idées est l'instrument, sinon nécessaire, du moins ordinaire de la mémoire... Sous toutes les formes où il peut reparaître, le passé est normalement rappelé par une *médiation.* Le rapport du passé à son médiateur est ce que nous appelons association d'idées. »

On peut, d'autre part, distinguer l'association « perceptive » qui consiste en un appel de souvenirs déterminés par une situation présente qu'ils contribuent à préciser (la perception, dans ce cas, n'est qu'une occasion de se souvenir), et l'association « imaginative » ou *errative*, se caractérisant par un laisser-aller de l'esprit aux évocations successives.

C'est à cette dernière forme d'association, la libre association, que Freud fait appel pour déterminer, chez ses malades, le rappel des souvenirs anciens que, jusque-là, il rappelait par l'intermédiaire de l'hypnose.

Cette méthode est même particulièrement adéquate au but cathartique poursuivi : prenons en effet un sujet, et demandons-lui de « penser » une idée ou une image quelconque. A partir de cette idée ou image, il est loisible de le faire « associer ». Or, on s'aperçoit que les souvenirs mis ainsi à jour ont des liens bien définis avec l'état de conscience inducteur. Autrement dit les associations faites à partir de l'idée-amorce, qui semble s'être présentée « spontanément » ou « par hasard » à la conscience, ne sont pas quelconques, *elles font pénétrer dans le domaine des souvenirs qui sont à l'origine de l'apparition de l'idée amorce.* « J'ai fait, dit Freud, dans l'*Introduction à la psychanalyse* (1) de nombreuses expériences sur les noms et les nombres pensés au hasard : on procède en éveillant, à propos d'un nom pensé, des associations libres ; on continue jusqu'à ce que la stimulation à former ces associations soit épuisée. L'expérience terminée, on se trouve en

(1) *Introduction à la psychanalyse*, 1916-1918. Trad. par le Dr Jankélévitch, Payot.

présence de l'explication donnant les raisons qui ont présidé à la libre évocation du nom donné, et faisant comprendre l'importance que ce nom peut avoir pour le sujet de l'expérience. » Une véritable *analyse psychologique* a fait remonter des effets aux causes, aux raisons originelles. Ainsi, l'association libre a le double avantage de permettre à un sujet, si on le prie de s'y livrer, de pénétrer, comme par effraction, dans le domaine de ses souvenirs, et, qui plus est, de retrouver parmi ces souvenirs les *raisons* de la venue à sa conscience de l'idée ou image prise comme point de départ. On comprend aisément que, chez un névrosé, en proie à des symptômes divers, à des obsessions lancinantes, cette méthode puisse, à condition de partir d'idées amorces ayant une consistance suffisante, aboutir à ces fameux souvenirs lointains dont le rappel dans l'hypnose permettait une guérison. Aussi Freud se propose-t-il de « faire associer » le sujet à propos de toutes sortes d'idées et d'images nées spontanément à son esprit, dans l'espoir de parvenir à un moment ou à un autre aux souvenirs qu'il recherche.

Voici comment les choses se passent pratiquement : « Nous invitons le malade à se mettre dans un état d'auto-observation, sans arrière-pensée, et à nous faire part de toutes les perceptions internes qu'il fera ainsi, et dans l'ordre même où il les fera : sentiments, idées, souvenirs. Nous lui enjoignons expressément — règle fondamentale — de ne céder à aucun motif qui pourrait lui dicter un choix ou une exclusion, soit parce qu'elles sont trop agréables ou trop indiscrètes, ou trop peu importantes ou trop absurdes pour qu'on en parle. Nous lui disons bien d'écarter toute critique contre ce qu'il trouve. » Le malade est, durant la séance, étendu sur un divan, dans une demi-obscurité, et Freud prend place derrière lui, de façon à ne point être vu.

Le refoulement. — En appliquant cette méthode analytique, Freud fait une importante constatation : à savoir l'extrême difficulté à laquelle se heurte, à certains moments, le malade, lorsqu'il se met en devoir d'énoncer toutes ses pensées, quelles qu'elles soient, selon leur libre association. Au début, tout va bien. A propos d'un rêve, ou d'une idée qui lui passe par l'esprit, le sujet raconte avec facilité les images qu'il évoque tour à tour. Mais bientôt, son attitude change. Il commence à déroger aux instructions reçues, et fait une sélection entre les différentes idées qui lui viennent à l'esprit. Il fait tout son possible pour changer de sujet, et il s'irrite si on lui rappelle la règle qu'il s'est engagé à suivre, il tente d'entrer en discussion avec son médecin. Voici comment Freud décrit cette *résistance* : « Le malade prétend, tantôt ne percevoir aucune idée, aucun sentiment ou souvenir, tantôt en percevoir tant qu'il lui est impossible de les saisir et de s'orienter. Nous constatons alors qu'il cède à telle ou telle objection critique. Il se trahit notamment par les pauses prolongées dont il coupe ses discours. Il finit par convenir qu'il sait des choses qu'il ne peut pas dire, qu'il a honte d'avouer... Et il continue, variant ses objections à l'infini. » En même temps sa conduite extérieure change. Il invente toutes les excuses et tous les prétextes possibles pour éviter les séances, et profite de la moindre occasion pour relâcher son effort, qu'il s'agisse d'un accident quelconque qui survient pendant le traitement, d'une maladie organique, etc. Cette résistance enfin se diversifie suivant la névrose envisagée, brutale ou sournoise, appels à la pitié ou manœuvres de séduction, maladies simulées.

Bref, Freud constate qu'il y a des *points sensibles*, autour desquels « tournent » certaines associations sans arriver à susciter une évocation claire du contenu de ces points ; et ces associations — proches d'éléments douloureux — le malade ressent une grande difficulté à les accepter et à en faire part au médecin. Il y a donc une force s'opposant à la mise à jour de certains souvenirs, force dont la « résistance » est une manifestation. Ces souvenirs sont maintenus en dehors de la conscience par une réaction instinctive d'écartement. Freud dit alors qu'ils sont refoulés. Le moi se défend contre leur apparition consciente ; un mécanisme de *défense* se révèle. C'est en vertu d'un *refoulement* qu'ils refusent de reparaître à la conscience. Freud, avec cette notion, découvre la clef de son système : « Nous donnons le nom de refoulement, écrit Freud, au processus qui se manifeste à nous par l'intermédiaire d'une résistance. »

Il est dès lors évident que la tâche du médecin, pour obtenir la catharsis, consiste avant tout à supprimer la résistance. La méthode thérapeutique doit combiner la libre association et la lutte contre la résistance, et Freud lui donne le nom de psychanalyse.

III. — Symptômes et conflits

En possession de l'idée de refoulement, Freud en déduit immédiatement en effet une explication nouvelle des névroses, allant de pair avec une spécification particulière de l'inconscient. En premier lieu, Freud estime logique d'*attribuer à un refoulement, non seulement la résistance du malade au cours du traitement cathartique, mais encore la formation de la maladie*. Les forces qui s'opposent au changement de l'état morbide sont, dans cette perspective, celles mêmes qui, à un moment donné, ont provoqué cet état. Ceci revient, en second lieu, à voir, dans l'inconscience des souvenirs relatifs aux impressions traumatisantes dans le passé, la caractéristique du refoulement : si le souvenir lié au trauma *reste* inconscient par refoulement, cela signifie qu'il *l'est devenu* par refoulement. L'inconscient se réciproque donc avec des processus *refoulés*.

Les conflits névrotiques. — Aussi faut-il se faire une conception dynamique des névroses, et voir, derrière elles, un jeu de forces qui s'opposèrent à un moment donné et dont le conflit persistant se manifeste par des symptômes.

A l'origine d'une névrose, Freud conçoit qu'à l'occasion d'un événement particulier — dont le souvenir n'a pas même le droit de reparaître à la conscience — une lutte s'est établie entre des grandeurs dynamiques contradictoires, dont l'une s'est trouvée écartée par l'autre du seuil de la conscience. Certains éléments psychologiques auraient voulu se traduire en actes, en représentations conscientes, mais d'autres exigences du psychisme avec lesquelles ils se trouvent être incompatibles, s'opposèrent à cette montée à la conscience et provoquèrent leur refoulement dans l'inconscient.

Les symptômes. — A quoi répondent, dans ces conditions, les symptômes actuels de la névrose ? Pour qu'il y ait symptômes, le conflit doit, semble-t-il, se perpétuer ; il semble aussi qu'une fois certains éléments refoulés, ils ne sauraient constituer une gêne pour la conscience puisque, par définition, ils en sont dissociés. Comment concilier ces remarques également valables ? Freud les concilie en admetrant qu'une fois un refoulement effectué, il se perpétue d'une façon automatique et sans relâche, nécessitant même une dépense continuelle de force par suite de la vie incessante des éléments refoulés. Ceux-ci en effet ne demeurent pas inactifs, mais continuent à s'organiser dans l'inconscient. Ils forment notamment des « rejetons » qui cherchent l'accès à la conscience dans des directions inaccoutumées. Bref, dans l'obscurité de l'inconscient, se produit une tentative ininterrompue du refoulé pour forcer la porte du conscient et vaincre le refoulant. L'équilibre réalisé à un moment donné est donc toujours plus ou moins instable, et peut, à chaque instant, être mis en question.

Or, dans cet état d'équilibre, qu'une cause quelconque, somatique ou psychique, vienne renforcer des tendances refoulées ou affaiblir les tendances refoulantes, il y aura rupture d'équilibre, nous assisterons au retour du refoulé. Seulement, *la plupart du temps le barrage ne cédera pas complètement, et des formations de compromis se constitueront, ayant pour objet de satisfaire partiellement, et la partie consciente de la personnalité, et l'inconscient domaine du refoulé* : les formations de compromis, ce sont précisément les symptômes névrotiques.

La névrose est donc la remise en question d'un conflit anciennement résolu, la reviviscence partielle d'éléments refoulés qui cherchent à s'opposer au refoulement et à passer de l'inconscient au conscient. La névrose est une guerre civile dans l'âme : la majorité cherche à s'imposer par la force et la minorité opprimée refuse l'obéissance, et l'organisme, par suite de la rupture d'équilibre entre l'activité consciente et l'activité inconsciente, ne répond plus aux appels de la volonté. *Obsessions, phobies, angoisses, symptômes hystériques corres-*

pondent à une incursion partielle de l'inconscient dans le conscient.

Voici un exemple, emprunté au psychanalyste anglais Jones (1).

Jones suppose un homme qui éprouve un sentiment pour la femme d'un de ses amis ou parents, et dont l'imagination se trouve hantée par l'idée de l'événement heureux que serait, pour lui, la mort accidentelle de cet ami ou parent. Alors deux possibilités : ou bien il envisagera franchement son désir, le verra condamnable et, le jugeant ridicule, le supprimera ; il ne pensera dès lors plus à cette affaire après avoir adopté, en pleine conscience, cette saine attitude. Supposons, seconde alternative, que la simple possibilité d'un désir semblable soit considérée par lui comme un péché, *il ne voudra jamais se l'avouer à lui-même.* Toutes les fois que ce désir sera proche d'accéder à sa conscience, il sera automatiquement ignoré, *refoulé.* Bref, jamais il ne sera assimilé par la personnalité. A peine notre sujet saura-t-il qu'à un moment il a éprouvé le désir en question. Mais ce désir continuera d'agir dans l'inconscient où il est plongé, et, le cas échéant, il se manifestera comme il pourra à la conscience provoquant des idées fixes, des obsessions bizarres, dont le sujet ignorera totalement la cause.

Cet exemple — notons-le au passage — est intéressant, parce qu'il montre bien comment il faut entendre la notion de refoulement : le refoulement n'a rien à voir avec un processus raisonné ; le refoulement est automatique et aboutit à l'inconscience même de certains désirs. De ce point de vue, contrairement au sens « vulgaire » donné au mot, on ne refoule pas un désir ou un souvenir désagréable, etc.,

(1) E. Jones, *Traité théorique et pratique de psychanalyse*, P.U.F.

parce qu'on se prive de donner satisfaction au désir ou qu'on « ne veut pas penser » à l'événement ennuyeux. Il s'agirait seulement ici d'une répression, d'une inhibition. Le refoulement interdit, lui, au désir d'être conscient, au souvenir d'exister comme souvenir conscient. *Un désir refoulé est ignoré comme désir* : telle est la proposition qui nous paraît apte à donner l'intuition de ce que la psychanalyse appelle refoulement.

Comparaison avec la théorie de Janet. — On remarquera ici encore combien Freud s'éloigne des conceptions de Pierre Janet au point que l'on peut parler d'une solution de continuité, d'une véritable« coupure épistémologique », entre Freud et Janet. Alors que pour ce dernier les névroses sont des troubles par déficit, par déficience, et l'inconscient un produit de la fuite d'éléments hors de l'activité de synthèse propre à la conscience, Freud, avec sa notion de refoulement, fait appel à un dynamisme, à une lutte entre des tendances contraires. « D'après Janet, écrit Freud, l'hystérique était une pauvre personne qui, en vertu d'une faiblesse constitutionnelle, ne pouvait pas rassembler ses diverses activités psychiques. C'est pourquoi elle aurait été la proie de la dissociation psychique et du rétrécissement du champ de conscience. D'après les résultats de l'investigation psychanalytique, ces phénomènes sont dus à des facteurs dynamiques, au conflit psychique et au refoulement consommé. »

IV. — Les rêves, messages de l'inconscient

Or, cette première explication des symptômes névrotiques par le refoulement et l'inconscient conduit Freud à étendre ces notions au psychisme normal, donc l'amène à passer de la psychologie pathologique à la psychologie normale, par le biais de l'analyse des rêves. En effet, il s'aperçoit que les névrosés en cours d'analyse ont tendance à raconter leurs rêves, et que ces rêves sont en rapport direct avec les conflits et les symptômes du malade. Les rêves ne seraient-ils donc pas eux aussi des manifestations de l'inconscient ? Et l'individu dit normal ne posséderait-il pas lui aussi des phénomènes psychiques à l'état de refoulement, se traduisant dans ses rêves ? Freud admet rapidement que les rêves ont effectivement un sens, et sont des messages de l'inconscient, demandant à être déchiffrés.

D'où l'importance, dans l'œuvre de Freud, de *L'interprétation des rêves*, parue dès 1899, où l'on trouve cette phrase un peu ambitieuse : « l'interprétation des rêves est la voie royale qui mène à la connaissance de l'inconscient » (1).

Nous allons, trop brièvement pour être démonstratif, indiquer dans les quelques pages qui vont suivre la conception que se fait Freud de la *nature* des rêves. Et, d'abord, quelles étaient les idées sur ce sujet à l'époque ?

Les théories pré-freudiennes. — Lorsque Freud, à la suite de ses études sur les névroses, est amené à s'occuper du rêve, deux thèses sont communément admises à son sujet.

Selon la première, les rêves sont la reproduction d'événements de l'état de veille, ou d'épisodes se rattachant à ces événements ; ils répondent à nos préoccupations actuelles.

Cette thèse est manifestement insuffisante. Si elle est vraie pour quelques rêves particulièrement clairs, dans la plupart des cas on ne trouve rien qui rattache clairement les rêves à l'état de veille. Le sommeil semble, au contraire, nous avoir emporté dans un monde étrange et bizarre, où les images qui se succèdent dans notre esprit nous étonnent par leur incohérence, non seulement lorsque nous nous les rappelons une fois réveillés, mais encore pendant le rêve même. De ce point de vue, les rêves peuvent être classés en trois catégories : rêves à la fois sensibles et intelligibles (les plus rares) ; rêves cohérents et ayant un sens apparent, mais dont le contenu, curieux et surprenant, empêche de les ajuster à la vie éveillée ; rêves se composant de processus mentaux incohérents et dénués de sens, semblant tirer leur origine d'une partie étrangère de nous-mêmes. Ce sont les plus fréquents.

Selon d'autres thèses, les excitations physiologiques, externes ou internes, perçues par le dormeur, ont une importance déterminante. Dormir, c'est se désintéresser du monde exté-

(1) Cf. la traduction française de Meyerson et Berger, *L'interprétation des rêves*, 1967, Presses Universitaires de France.

rieur, dit-on, mais le sommeil ne nous coupe pas pour autant de toutes relations avec le monde extérieur. Nous subissons des excitations de toutes sortes, qui provoquent en nous des rêves. Selon Maury, pour qu'il y ait rêve, des sensations nocturnes sont nécessaires pour fournir des points d'attache où se « greffent » des souvenirs. C'est ainsi qu'une flamme de bougie, placée devant les yeux d'un dormeur, le fait rêver d'incendie.

Freud ne néglige pas cette interprétation, il la déclare seulement insuffisante. Une explication physiologique du rêve ne saurait expliquer adéquatement son contenu. Phénomène psychologique, il doit avant tout s'expliquer psychologiquement. *Les symptômes névrotiques ont bien leur histoire psychique. Pourquoi les rêves n'auraient-ils pas la leur eux aussi ?* Si certains souvenirs, et non pas d'autres, sont choisis à l'occasion d'une excitation extérieure, il doit bien y avoir une raison d'ordre psychique. Un observateur lui a raconté avoir réagi de trois façons différentes, trois jours de suite, à la sonnerie d'un réveille-matin : la première fois, dans son rêve, « il se rend à l'église d'un village, et aperçoit le sonneur monter au clocher pour faire sonner les cloches » ; la seconde fois, « c'est l'hiver, et il part en traîneau : les grelots tintent au démarrage » ; la troisième fois, « une fille de cuisine se rend à la salle à manger, et, malgré ses avertissements, laisse choir une pile d'assiettes ». Voici ce que pense Freud de ces observations : « Le rêveur ne reconnaît pas la sonnerie du réveille-matin (celui-ci ne figure pas dans le rêve), mais il en remplace le bruit par un autre, et interprète chaque fois d'une manière différente l'excitation qui interrompt le sommeil. Pourquoi ? on dirait qu'il y a là quelque chose d'arbitraire. Mais *comprendre le rêve serait précisément expliquer pourquoi le rêveur choisit tel bruit et non pas tel autre, pour interpréter l'excitation qui provoque le réveil.* » *(Introduction à la psychanalyse).*

Contenu manifeste et contenu latent du rêve. — Comprendre les rêves serait dégager leur *sens*, de la même façon que comprendre les névroses a été la découverte de leur signification. Freud, fort de ses résultats précédents, veut considérer les rêves comme des *effets-signes de processus mentaux cachés*. Pourquoi y aurait-il, dans le cas particulier du rêve, discontinuité du psychisme ? Pourquoi le psychologue, en employant la méthode associative, c'est-à-dire en mettant à même le rêveur de retrouver l'origine de son rêve, de l'analyser, ne pourrait-il mettre à jour les causes du rêve ? « Notre technique consiste, dit Freud, en laissant jouer librement l'association, à faire surgir d'autres formations substitutives aux éléments du rêve et à nous servir de ces formations pour tirer à la surface le contenu inconscient du rêve. »

On voit, par ces premières remarques, qu'il n'est pas du tout dans les intentions de Freud d'établir une nouvelle « clé des songes », mais simplement d'appliquer aux rêves la méthode analytique qui a réussi pour les symptômes névrotiques. Pour interpréter un rêve, la première des choses consiste à « faire associer » le sujet. Certes, nous verrons que divers *symboles* se retrouvent avec une relative généralité dans la vie onirique ; mais ce symbolisme, fruit de l'expérience des analystes dans le maniement de la technique associative, ne peut amener d'interprétation certaine que liée à cette technique même.

Voici un exemple simple de la méthode et des résultats que nous empruntons à Frinck (1). Une dame de ses amies vient le voir, et lui raconte avoir rêvé qu'elle étranglait un petit chien blanc. Elle s'étonne de ce songe, et en demande l'interprétation. Frinck la prie d' « associer » sur les mises à mort d'animaux : elle dit aimer beaucoup faire la cuisine, et être ainsi amenée, parfois, à tuer poules ou lapins ; elle n'aime pas cela, et le fait le plus vite possible. A ce moment, elle remarque que, dans son rêve, elle étrangle le chien comme elle étrangle les volailles, et de là passe à des remarques concernant les exécutions capitales. Frinck lui demande alors si elle a

(1) Cité par Dalbiez, *La méthode psychanalytique et la doctrine freudienne*, Desclée de Brouwer.

une haine particulière contre quelqu'un. La dame, sur ce, accuse sa belle-sœur de s'être glissée entre son mari et elle. Peu de jours auparavant, une querelle violente est survenue entre elles, à la suite de laquelle la belle-sœur fut mise à la porte, accompagnée de cette exclamation : « Sortez d'ici, je ne veux pas chez moi d'un chien qui mord. » L'interprétation, dès lors, saute aux jeux : le rêve réalise dramatiquement, c'est-à-dire dans une action imaginaire, une conduite d'agressivité. Mais cette agressivité, dans le rêve, se contente d'un objet qui n'a qu'une relation avec l'objet réel, à savoir le chien blanc...

Pour exprimer le double aspect du rêve : apparence et signification, Freud distingue ce qui est manifeste, et les idées sous-jacentes, autrement dit le *contenu manifeste* et le *contenu latent*. Dans l'exemple précédent, l'étranglement du chien forme le rêve manifeste, les désirs de vengeance vis-à-vis de la belle-sœur constituent les idées latentes. Le contenu manifeste représente le contenu latent, et en est le substitut.

Plus concrètement, Freud voit dans les *désirs inconscients* qui fermentent dans l'intimité de notre psychisme, avec leur cortège d'émotions et de souvenirs, le contenu latent de la généralité des rêves. Il considère d'autre part que l'incohérence apparente, la bizarrerie, bref, la *déformation* des rêves s'expliquent par leur fonction essentielle, analogue à celle des symptômes névrotiques, d'être des formations de compromis, des produits d'une émergence censurée de l'inconscient dans le conscient.

Rêve et désir. — C'est un fait admis que la *rêverie* a souvent pour objet de réaliser des désirs et construit avec fougue des châteaux en Espagne. Il en est de même du rêve. Il révèle toujours pour qui l'analyse selon la technique associative, comme moteur, le dynamisme d'un désir appartenant à l'intimité de notre psychisme. Les rêves d'enfant sont particulièrement nets à cet égard, et réalisent spontanément les désirs de la journée restés inassouvis. Ils ne présentent pas de déformation, ou une déformation insignifiante, dans le rapport du contenu latent au contenu manifeste. Aussi peut-on dire que ces deux contenus, dans ce cas, coïncident. Freud donne quantité d'exemples de ce genre : un garçon de vingt-deux mois, Hermann, est chargé d'offrir à quelqu'un, à titre de congratulation, un panier de cerises ; il le fait manifestement à contrecœur, malgré la promesse de recevoir lui-même quelques cerises à titre de récompense ; le lendemain, il raconte avoir rêvé que « Hermann mange toutes les cerises », etc. Ces rêves infantiles sont une réaction à un événement de la veille laissant après lui un regret, une tristesse, un désir insatisfait. Le rêve en apporte la réalisation directe et non voilée, par transformation de la pensée en un événement vécu de façon hallucinatoire.

Certains rêves d'adultes sont formés sur le modèle simple des rêves infantiles, ceux qui appartiennent à la première catégorie, distinguée plus haut. Les auteurs de romans d'aventures racontent volontiers les rêves plantureux de leurs héros tombant d'inanition au milieu de sauvages déserts. Les prisonniers rêvent de liberté. Lorsque des projets nous tiennent à cœur, il arrive fréquemment que des rêves « d'impatience » nous en procurent une réalisation anticipée.

La censure du rêve. — La majorité des rêves d'adultes ne présentent cependant point ce caractère de simplicité. Réalisation hallucinatoire de désirs encore, leur incohérence et leur bizarrerie sont précisément la rançon de leur appartenance à une portion plus profonde du psychisme. Comme les symptômes névrotiques, ils traduisent, à leur façon, des désirs refoulés incompatibles avec la conscience. Aussi étant entendu que, dans son sens technique, inconscient se réciproque avec refoulé, on peut dire que les rêves, dans leur grande généralité, sont des *messages de l'inconscient.*

A cette conclusion, Freud n'est pas seulement conduit, notons-le, par l'analogie des rêves et des symptômes névrotiques et par la constatation de la fréquence de rêves curieux et significatifs dans les névroses. L'analyse directe des rêves de tout sujet normal mène aux notions clefs, nous le savons, que sont la résistance et le refoulement. Il est sans exemple qu'un sujet « normal », sollicité d'associer à propos d'un rêve, ne se trouve à un moment donné dans l'impossibilité de s'avouer ou d'avouer certaines associations. Or cette censure qui empêche le sujet de creuser son rêve conduit logiquement à l'idée d'une censure qui agit dans le rêve même, d'une *censure du rêve*, aspect particulier des tendances éthiques opérant d'ordinaire les refoulements.

Normalement, les éléments inconscients refoulés du psychisme ne devraient pas accéder, sous quelque forme que ce soit, au conscient. Cela se produit, certes, dans le cas des symptômes névrotiques. Mais ces symptômes correspondent à des avatars « anormaux » ou, plutôt, non généraux du psychisme, lorsque, pour des causes diverses des conflits graves se produisent entre refoulant et refoulé, et détruisent l'équilibre psychique. Comment se fait-il que, dans la vie « normale », des rejetons, comme dit Freud, du refoulé puissent pénétrer dans la conscience par le truchement des rêves ? C'est une conséquence logique du sommeil : les fonctions de contrôle se relâchent, le moi diminuant la quantité d'effort avec laquelle il maintient d'ordinaire les refoulements ; les aspirations inconscientes profitent de ce relâchement nocturne du refoulement pour faire irruption avec le rêve dans la conscience. Mais la puissance de refoulement n'est que diminuée, elle n'est pas supprimée. La *censure du rêve* est le reliquat des instances refoulantes, elle défend aux désirs inconscients de se manifester sous une forme directe. « En vertu de la sévérité de la censure du rêve, écrit Freud, les pensées oniriques latentes doivent consentir à des modifications et à des atténuations, qui rendent méconnaissable le sens réprouvé du rêve. » Là gît l'explication de la déformation du rêve. C'est ainsi que se substituent aux éléments dont la réalisation paraîtrait suspecte des analogies considérées comme plus innocentes. Nous avons vu, dans le rêve de l'étranglement du petit chien blanc, l'analyste conclure à des impulsions homicides de l'analysée vis-à-vis de sa belle-sœur — auxquelles d'ailleurs elle ne veut pas croire ; ces impulsions meurtrières inconscientes se déguisent dans le rêve, et, à la place d'une réalisation hallucinatoire directe de l'impulsion, c'est à un chien que revient le rôle de victime. Par substitution, par un regroupement de matériaux, le contenu latent a été ainsi *déguisé* et rendu méconnaissable pour la conscience.

Comprendre la relation exacte, signifiée par la notion de déguisement, entre contenu manifeste et contenu latent, est très important pour la compréhension de la théorie freudienne du rêve. Certaines personnes n'admettent jamais que tels ou tels de leurs rêves s'expliquent, par exemple, par des souhaits inconscients de mort vis-à-vis d'êtres chers. On ne peut souhaiter leur mort, puisque, en toute vérité, on les aime ! « Vous osez prétendre, s'écrie un sujet de Freud, que je souhaite la mort de mon mari ! Mais c'est là une absurdité révoltante ! Nous formons un ménage des plus unis, et sa mort me priverait de tout ce que je possède au monde ! » « Comment, dit un autre sujet, vous voulez me démontrer, d'après mon rêve, que je regrette les sommes que j'ai dépensées pour doter mes sœurs et élever mon frère ? Mais c'est impossible ! Je ne travaille que pour ma famille, je n'ai d'autre intérêt dans ma vie que l'accomplissement de mon devoir envers elle, etc. » Ces objections sont vraies en un sens, fausses en un autre. Elles sont vraies du point de vue du conscient, mais fausses du point de vue de l'inconscient. Car, vaut-il la peine de préciser que, lorsque Freud parle de la signification d'un rêve, il parle de son contenu latent. Or, comme il est fait de tendances inconscientes, ces tendances, par définition, ne sont pas conscientes, et le sujet du rêve a parfaitement le droit de dire que, consciemment, il les ignore. Mais il ne peut s'opposer à la possibilité d'une existence inconsciente de ces tendances, si certains rêves permettent de les inférer.

Freud donne finalement la définition suivante du rêve : *le rêve représente la réalisation déguisée d'un désir refoulé*, ou encore, plus brièvement : *le rêve est un accomplissement de désir.*

Les matériaux du rêve. — Aussi, le rêve ne crée rien : il se borne à imprimer une autre forme à des éléments sous-jacents. Le moteur en est une aspiration instinctive inconsciente. Mais cette aspiration, pour se réaliser en fantasmes oniriques, doit utiliser d'autres éléments. On sait déjà que les excitations externes ou internes sont mises à profit. Mais ce sont surtout les éléments que Freud appelle éléments préconscients, appartenant au domaine de la mémoire proche, les souvenirs et les intérêts non encore épuisés de la vie éveillée qui fournissent les matériaux du rêve. Ainsi s'explique que, dans son contenu manifeste, il se réfère souvent à des événements ayant eu lieu récemment, à des projets récents et conscients. La majeure partie des rêves contient des processus mentaux qui se sont déroulés dans un passé proche. Freud les appelle *restes diurnes*. L'élection, parmi tous les souvenirs pouvant intervenir dans la formation du rêve de certains souvenirs seulement, est d'ailleurs toujours significative. S'ils sont élus, c'est en effet eu égard à leur parenté avec les éléments proprement inconscients qui tendent à franchir le seuil de la conscience. De même, les préoccupations récentes donnent l'occasion à des préoccupations plus profondes de se manifester par leur intermédiaire.

Schématiquement, le rêve est donc au confluent d'une matière formée principalement par les restes diurnes (préoccupations, souvenirs récents) et d'un dynamisme inconscient profond, que Freud appelle désir. Les éléments préconscients servent à fabriquer le contenu manifeste, sans appartenir au contenu latent. Si l'on se place au point de vue des idées que le rêve manifeste, il peut, dit Freud, signifier tout ce que l'on voudra : avertissement, projet, préparatifs ; mais il est, en même temps, la réalisation d'un désir inconscient. « Un rêve n'est donc pas un projet tout court, un avertissement tout court, etc., mais toujours un projet ou un avertissement ayant reçu grâce à un désir inconscient un mode d'expression ayant été transformé en vue de la réalisation de ce désir. »

V. — Actes manqués

Enfin, selon Freud, il n'est jusqu'à nos actes quotidiens, notre conduite de chaque jour, qui ne puissent révéler des tendances inconscientes. Il a analysé, dans sa *Psychopathologie de la vie quotidienne* (1), une série de manifestations frustes, mais réelles, de l'inconscient : menus incidents de la vie journalière, bien connus de tous, et trop souvent attribués au hasard — tels que les lapsus, les oublis momentanés de noms et de projets, les pertes agaçantes d'objets, les actes manqués et symptomatiques de toutes sortes. A ces faits, Freud applique les schémas découverts antérieurement, et il y voit une irruption de tendances inconscientes dans le conscient.

Prenons d'abord un exemple simple d'« acte manqué », ne mettant pas en jeu à vrai dire les couches profondes du psychisme, mais s'expliquant bien par l'idée de conflit. Nous sommes, par exemple, sur le point d'entamer un nouveau paquet de tabac, et nous nous disons que nous pouvons bien attendre : et voici que, quelques instants après, tout en étant plongé dans notre travail, nous nous surprenons à bourrer notre pipe avec ce nouveau paquet. Le mécanisme de ce geste est très simple pour qui est familier des mécanismes et des conflits de l'inconscient : une première tendance a été repoussée, mais a cherché à se manifester dès que le contrôle a cessé. Nous assistons ici en petit à ce qui se passe sur une plus vaste échelle, avec des tendances qui engagent plus profondément notre être, dans les névroses et dans les rêves — sauf que, dans l'exemple précédent, la tendance s'est déchargée totalement, sans compromis.

Les lapsus. — Dans le cas des lapsus, notamment des *lapsus linguæ*, le produit de la tendance perturbatrice est, soit un tout autre acte psychologique que l'acte désiré, soit

(1) 1901, trad. chez Payot.

un acte de compromis. A la place d'un mot que l'on veut prononcer, nous en prononçons un autre, ou un mot hybride. De toute façon, si les lapsus sont plus fréquents dans les états de fatigue, et dépendent ainsi de certaines conditions d'ordre physiologique, ils ont, dans la majorité des cas, une signification psychologique ; on peut d'ailleurs assigner à la fatigue le rôle d'empêcher un certain contrôle de l'esprit sur la parole. L'idée ou tendance perturbatrice peut être une contre-impulsion, se dressant directement contre le discours actuel, ou une idée suscitée à la faveur d'une association avec le discours.

Freud, comme exemple du premier genre, raconte le lapsus de ce président du Reichtag autrichien qui ouvrit la séance par ces mots : « Messieurs, je constate la présence de la majorité des membres, et déclare, par conséquent, la séance *close.* » De toute évidence, le président ne désirait pas faire ouvrir cette séance.

Comme exemple du second genre, il cite une dame, connue pour son énergie, expliquant un jour que « son mari avait consulté son médecin au sujet du régime qu'il avait à suivre ; le médecin lui avait dit qu'il n'avait pas besoin de régime, qu'il pouvait manger et boire *ce que je voulais* ». Ici encore le lapsus s'exprime par l'interférence verbale de deux intentions. La tendance perturbatrice, c'est-à-dire la cause du lapsus, reste également dans la zone superficielle du psychisme, et est susceptible d'être consciente.

Mais parfois la tendance perturbatrice est totalement *inconsciente*, et il n'est pas rare, alors, de voir la personne ntéressée nier avec énergie l'interprétation proposée. Freud raconte qu'un jeune assistant, à l'hôpital de Vienne, élevant un toast en l'honneur d'un de ses maîtres, s'écria : « Ich fordere sie auf, auf das Wohl unseres Chefs *aufzustossen.* » (Je vous invite à *démolir* la prospérité de notre chef), au lieu de *boire* — anstossen — à sa prospérité. A Freud qui prétendait lui mettre sous les yeux l'intention perturbatrice, en l'occurrence une jalousie, une hostilité profonde contre le maître, le jeune homme fit une réponse dépourvue d'aménité. Il s'agissait là, semble-t-il, d'une tendance refoulée, c'est-à-dire absolument ignorée du sujet. Dans certains cas où les lapsus sont le fait de patients dont l'analyste connaît suffisamment l'inconscient, par les rêves ou par l'association, la contre-épreuve peut être faite. Un sujet de Jones lui dit un jour : « Mon père était très dévoué à ma femme », et il se reprit : « C'est à ma mère que je veux dire. » Or, parmi les causes initiales de la névrose dont il souffrait, figurait un attachement incestueux à sa mère, une « fixation à la mère », si bien, dit Jones, que si la pensée relative à ce sujet n'avait pas été réprimée, il aurait certainement dit : « Mon attitude à l'égard de ma mère est la même que celle de mon père. »

Les *lapsus calami*, ou erreurs d'écriture, s'interprètent identiquement par l'inconscient. Une dame raconte avoir un jour reçu d'un vieil ami une lettre qui se terminait sur cette phrase : « J'espère que vous êtes en bonne santé et malheureuse. » Il avait autrefois espéré l'épouser, et son lapsus exprimait un désir secret de la voir malheureuse.

Les fausses perceptions. — Bien des erreurs de perception sont explicables de manière analogue. Ou bien nous ne voyons pas des choses que nous ne désirons pas voir, ou bien nous voyons ce que nous voudrions voir. Les erreurs de lecture sont souvent le fruit de la substitution, à un mot, d'un autre qui est mieux en rapport avec notre attente. Les fausses reconnaissances de personnes se présentent surtout lorsqu'un désir de rencontrer une personne déterminée, conscient ou inconscient, domine le psychisme. Inversement, une personne qui vous est indifférente passera dans la rue sans que nous la reconnaissions.

Les oublis. — Avec l'explication de l'oubli, Freud s'oppose à la thèse classique qui voit dans le phénomène un processus passif, un *effacement*. Il apporte la notion d'un oubli *actif* dû à l'existence d'*inhibitions*. En un sens, toute la psychanalyse tourne autour de cette notion. Les événements qui, pour une raison ou pour une autre, ont été désagréables, soit en vertu de leur caractère pénible, soit parce qu'ils ont heurté nos tendances éthiques, doivent, pour revivre sous forme de souvenirs, surmonter une résistance faite de contre-impulsions.

Parmi les oublis ressortissant à la psychopathologie quotidienne, Freud donne une place importante aux oublis de noms propres. Lorsque nous oublions régulièrement le nom d'une personne, ce peut être par indifférence, ou hostilité, ce peut être aussi parce que ce nom a été associé à des expériences désagréables, par déplacement.

Jones raconte qu'un jeune homme de ses amis avait fait connaissance d'une jeune fille, dont il avait fait sa maîtresse. Dans la suite, il lui arrivait d'éprouver les plus grandes difficultés à se rappeler le nom de famille de cette personne, lorsqu'il voulait lui adresser une lettre, et de rester ainsi plusieurs semaines sans pouvoir lui écrire. Les lettres reçues d'elle ne lui étaient d'aucun secours puisqu'elle signait toujours de son nom de baptême. L'analyse révéla que ce nom de baptême était le même que celui d'une jeune fille qu'il avait courtisée autrefois, et celui d'une autre, dont il avait été passionnément amoureux, alors qu'il était tout jeune garçon. Il avait successivement transféré son affection de l'une de ces jeunes filles sur une autre, et les avait toutes trois inconsciemment assimilées dans son esprit. Par ce moyen, il restait toujours fidèle à son amour et reculait devant le souvenir d'un fait quelconque susceptible de le mettre en présence de son infidélité réelle.

Au reste, Freud se retrouve d'accord avec l'opinion commune en attribuant des causes positives à l'oubli, car cette opinion tient volontiers l'individu pour responsable de ses défauts de mémoire. En particulier,« les femmes et les autorités militaires, dit-il, exigent également que tout ce qui se rapporte à elles échappe à l'oubli, et les unes et les autres prétendent que, lorsqu'il s'agit de choses importantes, un oubli signifie une négligence et prouve qu'on n'attribue pas aux choses toute la valeur qu'elles méritent ». Freud analyse également avec subtilité la *conduite de l'excuse*, l'hypocrisie sociale par excellence. S'excuser en arguant d'une perte de mémoire est, vis-à-vis de l'interlocuteur, un remède souvent pire que le mal. Figurons-nous une maîtresse de maison qui recevrait son invité par ces mots :« Comment ! c'est donc aujourd'hui que vous deviez venir ? Excusez-moi, je l'avais totalement oublié... » Cette maîtresse de maison manquerait de la plus élémentaire sagacité, tant il est vrai que, dans ce cas, l'oubli renvoie à une volonté — inconsciente peut-être, mais blessante — d'oubli.

Il est enfin probable que pas plus qu'en ce qui concerne l'oubli des projets c'est le hasard qui nous place dans l'impossibilité de mettre la main sur des objets que l'on a préalablement rangés. Ainsi, l'oubli de cadeaux reçus n'est en général pas vu d'un très bon œil par le donateur. Lorsque, pendant la lune de miel, la jeune femme égare à plusieurs reprises son alliance, c'est là un signe de mauvais augure pour l'avenir des relations conjugales. Freud cite dans cet ordre d'idées un couple dont les relations n'étaient pas empreintes d'une tendresse excessive. Un jour, la jeune femme fit présent à son mari d'un livre de luxe qu'elle croyait devoir l'intéresser. Il la remercia, et mit le livre de côté. Durant six mois, il ne put retrouver le livre. Mais voici que sa mère, qu'il aimait beaucoup, tomba gravement malade. Aussitôt sa femme la soigna avec un dévouement qui le toucha profondément, et eut pour effet de réveiller son affection pour elle. Un soir, en rentrant de chez la malade, plein de gratitude pour sa femme, il s'approcha d'une commode, ouvrit automatiquement un tiroir, et se trouva en présence du livre recherché.

CHAPITRE II

INCONSCIENT ET SEXUALITÉ

Symptômes névrotiques, rêves, voire certains aspects de nos conduites quotidiennes, manifestent donc l'irruption, dans la vie consciente, et d'une manière indirecte, de pulsions « refoulées », c'est-à-dire auxquelles une fonction de « censure » refuse le droit d'une émergence directe et consciente.

L'inconscience qui caractérise ces pulsions est donc directement liée au conflit qui les oppose au moi et à la censure. Quelle est la nature des motivations qui sont ainsi rejetées ? Les quelques exemples de symptômes oniriques que nous avons donnés laissent à entendre que des éléments d'agressivité peuvent les caractériser. Mais, selon Freud — du moins dans ses premiers ouvrages — l'agressivité n'est qu'un phénomène secondaire, un aspect de l'exercice d'un groupe de pulsions vaste et qui domine, en un sens, la vie de l'individu, le groupe des *tendances sexuelles* ou *libido*. La conviction de Freud, sur ce point, fut le résultat de l'investigation analytique elle-même. Dans la plupart des cas, les souvenirs pathogènes que les malades retrouvaient avaient trait à des événements intéressant leur vie sexuelle. Ce que la résistance recouvrait, c'était, en règle générale, l'expression de détails ayant, à un moment donné, intéressé leur vie et leurs désirs intimes. Aussi Freud considéra comme de nature *sexuelle* les éléments psychologiques *refoulés*, et vit dans l'inconscient proprement dit le *produit de refoulements d'ordre sexuel*. « A cette découverte, dit-il dans *Ma vie et la psychanalyse* (1),

(1) Cf. note ci-dessus, p. 34.

mon attente n'eut aucune part, j'avais abordé l'examen des névrosés dans un état d'ingénuité complète. »

D'autre part, abstraction faite pour certaines neurasthénies réagissant à des troubles actuels de la sexualité, l'analyse ramenait toujours à des périodes très précoces de la vie du malade, et même *aux premières années de l'enfance*. Il se révéla que les événements traumatisants dont les souvenirs reparaissaient grâce à la méthode associative et à la dissolution des résistances avaient eu lieu très tôt dans l'évolution psychologique menant à la vie adulte. Bref, les conflits pathogènes étaient, à leur formation, des conflits issus de la sexualité infantile ; des conséquences de certaines expériences infantiles ayant trait à la vie sexuelle. C'est ainsi que Freud fut amené à étudier la sexualité de l'enfant, et son évolution.

I. — Théorie de la sexualité

Les premières phases. — Il peut, certes, paraître étrange de parler de sexualité chez l'enfant. C'est que, pour l'opinion commune, le terme « sexuel » renvoie à l'instinct sexuel de l'adulte, à caractéristiques bien définies. Mais Freud n'hésite pas à parler de l'activité sexuelle de l'enfant, voire du bébé, parce qu'il élargit le sens du mot. L'investigation analytique en effet, lui ayant donné à penser que la sexualité adulte se compose d'un ensemble de tendances partielles le plus souvent agrégées, mais parfois dissociées (par exemple dans les cas de cruauté et de sadisme), il lui apparut convenable de considérer la fonction sexuelle comme se constituant petit à petit, à travers plusieurs phases d'organisation, jusqu'à ce qu'enfin elle se mette au service de la reproduction. Les tendances partielles qui, s'agrégeant, formèrent cet instinct dans sa forme dernière, sont aussi « sexuelles » que l'instinct une fois formé. Primitives, infantiles, elles sont le premier pas de la sexualité, elles en constituent les premières phases.

Quelles sont ces phases ? Signalons tout d'abord un point de terminologie : Freud propose d'employer le terme *libido* pour signifier la « valeur dynamique » des tendances sexuelles, infantiles ou adultes. « Analogue, dit-il, à la faim en général, la libido désigne la force avec laquelle se manifeste l'instinct sexuel, comme la faim désigne la force avec laquelle se manifeste l'instinct d'absorption de la nourriture. » Evolution de la sexualité et évolution de la libido signifient donc la même chose.

Dans cette évolution, Freud distingue deux périodes infantiles précédant la puberté. « Jusqu'à six ans environ, une période de première enfance, que caractérisent les efflorescences variées de la libido ; puis une période de latence, que caractérise une grande activité des barrières psychiques de répression, des « digues », selon l'expression employée dans les *Trois essais sur la théorie de sexualité* (1905) (1).

Durant la période de prime enfance, la sexualité passe par trois phases, mettant en jeu une activité sexuelle dont les *buts* sont différents (Freud appelle « but » d'une tendance le genre de satisfaction qui lui est essentielle) ; ces trois phases sont :

En premier lieu la phase *orale*, liée au plaisir de sucer, qui est le plaisir dominant du nourrisson. Pour Freud, ce plaisir est *sexuel*, et « l'acte qui consiste à sucer le sein maternel devient le point de

(1) Trad. à la N.R.F. sous ce titre par B. REVERCHON-JOUVE. Une nouvelle traduction a paru ultérieurement sous le titre *Trois essais sur la théorie sexuelle* par P. KOEPPEL, N.R.F.

départ de toute la vie sexuelle, l'idéal jamais atteint, idéal auquel l'imagination aspire dans les moments de grand besoin et de grande privation... ».

En second lieu, la phase *sadique-anale*, simultanée et successive à la première : ici, c'est le plaisir ressenti à la satisfaction de certains besoins organiques qui est le but de la libido.

Enfin, la phase *génitale*, caractérisée par l'intérêt que prend l'enfant pour ses propres organes génitaux.

On remarquera que l'*objet* sur lequel se fixe la libido pour obtenir satisfaction est, à l'origine, un objet extérieur (le sein maternel), puis le corps lui-même de l'enfant. Il y a donc passage primitif d'un hétéro-érotisme à l'auto-érotisme. Mais l'hétéro-érotisme ne tarde pas à faire sa réapparition, en même temps que s'éveillent les tendances psychiques de l'instinct sexuel. Il est d'ailleurs normal que la libido, au terme de son évolution, choisisse un objet extérieur au lieu de rester repliée sur elle-même (narcissisme, ou amour du moi).

Or, avant d'atteindre à son objet normal, la libido passe nécessairement, un peu avant la période de latence, par une orientation incestueuse correspondant au fameux *complexe d'Œdipe*.

Le complexe d'Œdipe. — Selon la légende grecque, Œdipe avait été voué par le destin à tuer son père et à épouser sa mère. C'est pourquoi Freud donne le nom de complexe d'Œdipe à la concentration sur la mère des désirs sexuels du petit garçon, parallèlement à un développement de sentiments obscurs de jalousie vis-à-vis du père. Amour pour la mère, hostilité pour le père, telles sont donc les deux composantes du complexe d'Œdipe, véritablement *inféré* par Freud à partir de l'analyse associative. Par l'observation directe, signale-t-il aussi, « on voit facilement que le petit bonhomme veut avoir sa mère, pour lui tout seul, que la présence du père le contrarie qu'il boude lorsque celui-ci manifeste à la mère des marques de tendresse ». L'attitude de la petite fille est tout à fait identique, quoiqu'il faille renverser les termes. « La tendre affection pour le père, le besoin d'écarter la mère dont la présence est considérée comme gênante, une coquetterie qui met déjà en œuvre les moyens dont dispose la femme, forment chez la petite fille un charmant tableau qui nous fait oublier le sérieux et les graves conséquences possibles de cette situation infantile. »

Selon Freud, chacun passe par ce complexe, d'une façon plus ou moins vive ou obscure, apparente ou cachée. Se rattachent à l'Œdipe : le *complexe de castration*, lié, chez le garçon par exemple, à la crainte que le père, inconsciemment haï, n'exerce des représailles dangereuses (1) ; le *complexe familial* lié à l'accroissement de la famille : les aînés sont jaloux des nouveaux venus qui menacent de les frustrer en partie de l'affection des parents, laissent transparaître vis-à-vis de leurs cadets une sorte de haine, jusqu'au jour où le petit garçon reporte de sa mère sur sa sœur — la fillette de son père sur son frère — le besoin d'affection qu'il porte en lui (2).
qu il porte en lui (1).

Période de latence et puberté. — Vers six ans environ, le développement de la libido subit un temps d'arrêt, durant lequel s'efface graduellement le souvenir des tendances et des événements de la

(1) Sur les liens du complexe de castration et du complexe d'Œdipe, cf. A. GREEN, *Le complexe de castration*, « Que sais-je ? », P.U.F.

(2) Freud a écrit : « L'enfant est un pervers polymorphe. » Cette expression, qui a parfois surpris, signifie simplement le caractère non unifié et, d'un certain côté, a-moral des tendances infantiles, tour à tour et à la fois sadiques, incestueuses, hostiles, etc.

première enfance. Les complexes qui se rattachent à la situation œdipienne se liquident progressivement. Des formations réactionnelles, des digues se créent, qui ont pour résultat de refouler les désirs infantiles et d'en détruire le souvenir. La pudeur inhibe alors certaines tendances exhibitionnistes, le dégoût détourne des fonctions organiques, le développement de la sympathie réfrène les tendances sadiques, etc.

Enfin, avec la puberté, la libido reprend un nouvel essor : crise décisive, dont l'issue détermine l'orientation ultérieure de la vie sexuelle. Cette orientation dépend, bien entendu, des avatars divers qui marquèrent les tendances infantiles, de leur force et de leur répression, et en particulier des modalités de la résolution du complexe d'Œdipe. « A cette époque, l'homme se trouve devant une grande tâche qui consiste à se détacher des parents, et c'est seulement après avoir rempli cette tâche qu'il pourra cesser d'être un enfant pour devenir membre de la collectivité sociale. La tâche du fils consiste à détacher de sa mère ses désirs libidineux pour les reporter sur un objet réel étranger, à se réconcilier avec son père, s'il lui a gardé une certaine hostilité, ou à s'émanciper de sa tyrannie lorsque, par réaction contre sa révolte enfantine, il est devenu son esclave soumis. Ces tâches s'imposent à tous et à chacun, et leur accomplissement réussit rarement d'une façon idéale, c'est-à-dire avec une correction psychologique et sociale parfaite. Les névrotiques, eux, échouent totalement à ces tâches. C'est en ce sens que le complexe d'Œdipe peut être considéré comme le noyau des névroses. »

II. — Les Névroses et l'évolution de la sexualité

Nous devons en effet, maintenant que nous connaissons le caractère sexuel des tendances qui, refoulées, conduisent à la névrose, compliquer un peu le schéma indiqué précédemment. Nous disions : les symptômes névrotiques proviennent d'un conflit ancien remis, à un moment donné, en question. Aussi bien y a-t-il deux conditions à la formation d'une névrose, lesquelles, dit Freud, varient de façon inversement proportionnelle : une condition ancienne, *infantile*, une condition actuelle. La première est prédisposante, la seconde occasionnelle. La première a pour contenu des événements infantiles, caractérisant certains avatars de la vie sexuelle de l'enfant, et en rapport avec certaines expériences intéressant ses tendances primitives. La seconde correspond à divers « malheurs de la vie » de l'âge adulte, reliés peu ou prou à la sexualité : sans compter la « privation », citons les expériences trop douloureuses dans l'ordre sentimental, les mariages malheureux, la mort d'êtres chers, etc.

Régression et fixations. — L'équilibre de forces que représente la névrose repose donc à la fois sur des données anciennes et actuelles. Ceci s'explique parfaitement si l'on se représente les choses du point de vue de la *régression* et de la *fixation*. Que signifient ces termes ?

En premier lieu, Freud imagine que les avatars actuels, c'est-à-dire les avatars de la vie adulte, provoquent, s'ils créent une impasse, un problème insoluble, un retour de la libido vers des phases et des objets d'ordre infantile. La libido se replie en quelque sorte sur elle-même, se rétracte et se retrouve telle qu'elle était à telle ou telle période de la vie infantile. Une conduite ancienne tend à se répéter, à se reproduire, en vertu d'une sorte de « principe de répétition ». Cette régression implique donc la reviviscence de tendances enfouies dans l'inconscient, celle aussi de l'habitude de refoulement de ces tendances.

Mais la régression a besoin de points de fixations. La libido doit en effet « s'accrocher » quelque part dans sa rétractation. Or, si, dans l'enfance, des composantes de la libido se sont attardées trop longtemps et trop fortement à un stade de leur développement, si les tendances en question avaient une importance exagérée et ont nécessité une lutte plus intense de la part des contre-impulsions, ce sont là des *fixations* de la libido qui l'accueillent dans sa régression.

On comprend ainsi que le conflit s'établisse entre des tendances depuis longtemps refoulées et les exigences du moi. Les crises accidentelles, par suite de la régression de la libido qu'elles provoquent, modifient le rapport de forces qui existait entre l'inconscient de la phase infantile et le conscient. Le refoulé prend un regain de force, et les symptômes apparaissent. Mais alors, il y a lutte entre les tendances éthiques et des tendances sexuelles *anormales du fait de la régression.*

Dans l'hystérie, il y a, suivant Freud, retour aux premiers « objets », de nature incestueuse, et c'est contre ces tendances incestueuses que lutte l'hystérique. Dans la névrose obsessionnelle, il y a retour à des « phases » antérieures, telle la phase sadique, ce qui explique les impulsions obsédantes ayant la mort pour thème : parfois, il y a en même temps, dans cette névrose, une régression intéressant l'objet ; des impulsions sadiques, si l'on prend ce cas, s'appliquent alors aux personnes les plus proches et les plus aimées : on conçoit l'horreur et les souffrances qu'elles peuvent infliger au malade.

Fixation au père, à la mère, etc. — Signalons en outre que Freud emploie le terme « fixation » dans deux sens différents quoique parents. Dans un sens large, il se rapporte à la fixation de la libido, à son « attardement » à un stade de son développement. Dans un sens plus étroit, Freud emploie le mot pour signifier, dans la période infantile, le rapport particulièrement intense qu'avaient une tendance et son objet. Les psychanalystes parlent ainsi couramment de « fixation au père », de « fixation à la mère ». Dans le complexe d'Œdipe du petit garçon, il y a, on le sait, un certain désir de la mère. Si cette tendance est excessive, il y a fixation. A vrai dire, il y a toujours, plus ou moins, fixation : mais ce mot est surtout de rigueur lorsque le désir œdipien a provoqué des conflits, des réactions de culpabilité et a été générateur de troubles.

Notons à ce propos que l'Œdipe classique n'est pas l'unique possibilité infantile. Parfois il est inversé et l'on assiste, chez le garçon, à des fixations au père, pouvant plus tard être à l'origine de goûts homosexuels.

Premier schéma étiologique des névroses. — Bref, on voit la série de conflits qui peuvent se former dès l'enfance, car le moi se défend toujours contre les fixations à l'aide de refoulements.

On peut se demander si les fixations de la libido à certains objets, ou sa viscosité, son attardement à certaines phases infantiles sont dus à des conditions fatales ou fortuites. Freud pense qu'il y a des deux : des dispositions innées sont conditionnellement prédisposantes, mais les événements qui marquent la destinée propre de l'enfant ont une part considérable : sevrage, observations relatives à la vie sexuelle des parents, détournements par une personne adulte, menace de castration, tout cela risque d'intensifier fâcheusement les jeux de tendances infantiles, et de devenir traumatisant. On a, en particulier, remarqué les graves troubles que peut provoquer la mort du père, si elle survient au moment où le complexe d'Œdipe est en pleine activité : l'inconscient s'en attribue la culpabilité, et une disposition fortement névrotique s'ensuit généralement.

Finalement, Freud, dans l'*Introduction à la psychanalyse*, propose le schéma suivant, destiné à mettre au clair le schéma étiologique de l'hystérie et de la névrose obsessionnelle :

Etiologie des névroses = Disposition par fixation de la libido + Evénements accidentels (Traumatique)

Disposition par fixation de la libido :
- Constitution sexuelle Evénements de la vie préhistorique
- Evénements de la vie infantile

L'exemple suivant illustre assez bien ce schéma : un jeune homme était tombé dans une névrose combinée d'homosexualité à la suite d'une aventure avec une jeune fille qu'il avait rendue enceinte (événement accidentel). L'analyse révéla une fixation maternelle intense, due à une désharmonie et à des querelles fréquentes entre les parents, au cours desquelles l'enfant avait pris affectivement le parti de la mère (disposition infantile). L'assimilation de la jeune fille à la mère, dans la crise survenue à l'âge adulte, en revivifiant le conflit ancien (refoulement de désirs incestueux, joint à un sentiment de culpabilité) avait provoqué la névrose et la fuite dans l'homosexualité.

Névroses et psychoses. — Enfin, il faut préciser le point suivant : les premières recherches de Freud ont porté sur ce qu'il appelle *névroses de transfert* : l'hystérie, où l'énergie refoulée se convertit en symptômes somatiques, les états anxieux, où elle se mue en angoisse et en phobies ; les obsessions, où elle se transfère par substitution sur d'autres représentations que les représentations initiales.

Certaines névroses, également étudiées primitivement par Freud, réagissent à des troubles actuels de la sexualité, d'une façon directe, comme la neurasthénie, l'hypocondrie, et cessent lorsque les conditions immédiates sont supprimées.

Quant aux *psychoses*, ce sont surtout les disciples de Freud qui ont essayé de les traiter par la méthode cathartique. Freud les appelle *névroses narcissiques* parce qu'il les pense provoquées par la régression de la libido à un stade narcissique de la sexualité, qu'il n'a d'ailleurs jamais placé avec précision dans son schéma de la sexualité infantile. Lorsqu'il y a narcissisme, la libido prend le moi comme objet et un épisode essentiel de la thérapeutique analytique, le transfert, ne peut s'effecteur normalement.

III. — L'élaboration des symptômes. Le rêve

Revenons à présent à ces symptômes particuliers que sont les rêves. Nous concevrons aisément, à présent, qu'ils ne soient point sans rapports avec l'évolution de la sexualité. Mais nous nous étendrons surtout sur les procédés d'élaboration du rêve, c'est-à-dire sur la manière dont s'y prend l'inconscient, le refoulé, pour forcer les barrages qu'il rencontre et pousser dans le conscient des « rejetons », susciter des « compromis », en mettant à profit la faiblesse momentanée du moi. Etant donné que, selon l'expérience analytique, ce sont exactement les mêmes procédés qui président à l'élaboration des symptômes névrotiques, nous compléterons par là, et à cette occasion, l'explication freudienne des névroses.

Rêve et sexualité. — Quelle est la nature des désirs inconscients que Freud place à la source des rêves ? Ce que nous savons déjà de l'inconscient, par l'étude des névroses, donne à penser qu'ils doivent se rapporter, de près ou de loin, aux tendances sexuelles. De fait, l'analyse des rêves a, dans la majorité des cas, conduit Freud à des composantes diverses de la libido, liées soit au complexe d'Œdipe, soit à d'autres éléments de la sexualité. Cependant, Freud admet très bien que les désirs moteurs du rêve ne soient pas forcément des désirs d'ordre sexuel. D'autres désirs, à condition qu'ils aient été refoulés, peuvent expliquer les rêves. Aussi, écrit-il, « dans l'interprétation des rêves on ne doit jamais oublier l'importance des complexes sexuels, mais, naturellement, elle ne doit pas être non plus exagérée au point d'être tenue pour exclusive... La thèse que tous les rêves exigent une interprétation sexuelle, thèse contre laquelle on a infatigablement polémisé, est étrangère à *L'interprétation des rêves* ».

Le rôle de la libido dans l'inconscient demande néanmoins à l'analyste de chercher surtout le contenu latent du rêve dans les complexes sexuels. Les tendances refoulées peuvent appartenir dans ce cas à un passé relativement proche, et aussi à la phase infantile de la vie. Une femme raconte à Freud avoir rêvé à la mort de sa fille, âgée de dix-sept ans. En l'interrogeant, Freud apprend qu'à un moment donné elle avait formulé explicitement des souhaits de mort à son égard, qui, depuis, étaient devenus inconscients. L'enfant, en effet, était née d'un mariage malheureux, terminé par un divorce. Encore enceinte de sa fille, la mère eut, à la suite d'une scène avec son mari, un accès de rage tel qu'ayant perdu toute retenue elle se mit à se frapper, dans l'espoir d'occasionner la mort de l'enfant qu'elle portait. Ainsi s'explique le désir énigmatique de voir mourir une personne aimée.

Le plus souvent, l'analyse fait remonter à des souvenirs très lointains, appartenant aux périodes infantiles, périodes, on le sait, où s'organise pour plus tard la vie inconsciente de l'esprit. C'est ce que Freud appelle l'*archaïsme* du rêve. Les complexes fraternels, le complexe d'Œdipe, le complexe de castration donnent la clef de bien des rêves.

Voici des exemples de rêves signifiant le complexe d'Œdipe.

Chez un homme : « Je pénètre dans le sous-sol d'une maison et je suis frappé par l'atmosphère humide et chaude. Après avoir fait quelques pas, je me sens saisi par-derrière, et je constate que quelqu'un veut m'enfoncer un poignard dans le dos. » On remarque, ici, l'élément « crainte du père », lié à la fixation maternelle.

Chez une femme : une rêveuse « est au bord de la mer, et voit une grande maison, juste au bord de la plage ; elle se trouve dans une petite barque à peu de distance de la maison. Il y a de grosses vagues, et la maison bouge comme un bateau ; la rêveuse a le vertige : la barque suit le mouvement de la maison. Angoissée, *elle pousse dans l'eau sa mère*, et, à ce moment, elle sent que la barque va couler, se jette à l'eau, crie « au secours ! » et aperçoit son père parmi les baigneurs, et le bras de son père sort de l'eau. Elle se précipite vers lui en l'appelant : « Papa ! papa ! ». Ce rêve est d'interprétation aisée : on voit comment le contact avec la mère est bel et bien perdu, parallèlement à l'appel vers le père. Quant à la grande maison et à la petite barque, elles semblent se rapporter aux souvenirs infantiles du berceau dans la chambre des parents — du moins est-ce ce que les associations du sujet permettent à Laforgue de conclure.

Enfin, voici un cas où le complexe fraternel apparaît avec une particulière netteté. Une jeune fille rêve : « Je me promène dans une ville : les rues sont très mouvementées. Je me dis : c'est la guerre qui recommence, ou plutôt qui continue, car la paix n'était qu'un rêve. Je ne pourrai plus supporter les angoisses endurées jusqu'à présent. Et je me demande si mon frère repartira. »

Au cours de ses associations la rêveuse avoue avoir pris un certain intérêt au mouvement et aux épisodes de la vie durant la guerre : « Parfois, dit-elle, c'était amusant de descendre à la cave. » En ce moment, la vie est bien ennuyeuse pour elle. Sa neurasthénie et ses obsessions ne la comblent pas particulièrement ; son frère lui donne des soucis : il fait des dettes, mène une vie peu sérieuse. « Je ne comprends pas qu'il puisse être si léger. C'est parce qu'on l'a gâté depuis qu'il est au monde. Quant à moi, je suis déshéritée, c'est bien simple. Vous savez ce que j'ai pu souffrir dans mon enfance, parce qu'on s'en prenait toujours à moi ? Ces injustices me révoltent encore aujourd'hui. Quel malheur que mon père soit mort si jeune ! etc. »

Inutile d'insister davantage sur les résistances de cette jeune fille contre son frère. Pendant toute la guerre, il était au front, et la famille était relativement tranquille. C'est pourquoi elle réalise, dans son rêve, une nouvelle guerre, pour se débarrasser de son frère.

Interprétation et déguisement. — Interpréter un rêve, dans la perspective freudienne, peut assez bien se comparer à la lecture d'un hiéroglyphe. Dans les exemples donnés jusqu'à présent, il est relativement aisé de « lire » le contenu latent sous le contenu manifeste. Dans les rêves compliqués, le contenu manifeste est une déformation, un déguisement poussés très loin du contenu inconscient, et ils nécessitent pour être interprétés une expérience assurée des mécanismes qui président à leur élaboration. Ces mécanismes que la psychanalyse a décrits sous le nom de *condensation*, de *déplacement*, de *symbolisation* et de *dramatisation* sont à vrai dire des mécanismes généraux de l'activité inconsciente ; en particulier, ils sont à l'œuvre dans la formation de symptômes névrotiques ; mais ce sont les rêves qui les ont mis en évidence avec netteté.

La condensation. — En gros, le contenu latent d'un rêve a beaucoup plus de richesse que le contenu manifeste. L'analyste n'épuise jamais tous les problèmes d'un rêve. Binet, dans une expression célèbre, voulant expliquer combien la pensée par images est pauvre vis-à-vis de la pensée conceptuelle, s'exprimait ainsi : « On pense bien au-delà de l'image : avec une pensée de cent mille francs, on a des images de quatre sous. » Cette formule peut être reprise au compte du rêve. Elle traduirait ce fait que les données obtenues par l'analyse sont infiniment plus denses et nombreuses que celles offertes par les images oniriques brutes : le rêve manifeste est une traduction abrégée du contenu inconscient. Ce phénomène général se traduit, en ce qui concerne telle ou telle image d'un rêve, par ce que Freud appelle la *surdétermination*. Un seul élément manifeste peut, en effet, traduire plusieurs éléments latents, une seule image être déterminée par plusieurs thèmes inconscients.

Le rêve suivant donne un bon exemple de condensation. Une jeune femme a rêvé qu' « elle se promène dans la cinquième avenue avec une amie ; elle s'arrête à la devanture d'une modiste pour regarder des chapeaux ; elle finit par entrer et en acheter un ». Interrogée, la cliente de l'analyste se rappelle s'être effectivement promenée dans la cinquième avenue la veille, avoir regardé les chapeaux, mais n'en avoir pas acheté. Ce jour-là, son mari était alité, assez gravement malade pour qu'elle s'inquiétât à son sujet. Une amie était venue la chercher, espérant changer ses idées pessimistes par la promenade. Durant celle-ci, la conversation porte sur un homme qu'elle avait connu avant son mariage, et dont elle avait été très amoureuse. Il eût été chimérique pour elle de songer à un mariage avec cet homme très fortuné. Au sujet du chapeau, la rêveuse avoue d'autre part avoir désiré en acheter un, mais c'était impossible vu la pauvreté de son actuel mari. Enfin, ce chapeau, dans le rêve, était *noir*. Ce détail donne la clef du rêve : l'achat du chapeau de deuil était déterminé par un triple souhait : mort du mari ; désir d'épouser l'homme aimé ; désir d'avoir de l'argent. L'image du chapeau était *surdéterminée*.

La condensation a diverses fonctions : tout d'abord elle permet à deux éléments parents du contenu latent d'exprimer, dans le rêve manifeste, leur parenté. C'est ainsi que deux personnes inspirant des sentiments analogues (envie, malveillance), une figure composite apparaîtra dans le rêve. En second lieu, la condensation sert à soustraire certaines tendances au contrôle de la censure, en les faisant s'inscrire dans des images qui sont déjà le résultat d'autres tendances.

Le déplacement. — Il y a déplacement lorsqu'une tendance substitue, à son objet propre, un autre objet. *C'est le mécanisme le plus important qui préside au dynamisme de l'inconscient* ; il permet aux éléments refoulés de reporter leur énergie sur un autre mode d'actualisation. Le déplacement s'effectue, aussi bien pour les désirs que pour les aversions (craintes liées aux réactions de culpabilité, etc.). Il conditionne notre équilibre psychique.

Freud donne un exemple du processus de déplacement, utilisé par la pensée éveillée pour un effet comique : « Il y avait dans un village un maréchal-ferrant qui s'était rendu coupable d'un crime grave. Le tribunal décida que ce crime devait être expié ; mais comme le maréchal-ferrant était le seul dans le village, et par conséquent indispensable, et que par contre il y avait dans le même village trois tailleurs, ce fut un de ceux-ci qui fut pendu à la place du maréchal. »

Le déplacement peut s'effectuer soit sur un objet nouveau, comme dans l'exemple qui précède, soit sur une tendance voisine. Qu'un chasseur de gros gibier devienne, par suite de circonstances, chasseur de perdrix, sa tendance s'est déplacée au niveau de l'objet ; que de nouvelles circonstances, mariage, santé, lui interdisent cette activité, nous le verrons peut-être devenir collectionneur de panoplies de chasse, bibliophile (la « chasse aux bouquins »), etc., c'est-à-dire que sa tendance primitive se déplacera sur une tendance ayant une certaine parenté avec elle. Les phobies des névrosés s'expliquent par le déplacement : les phobies d'animaux, en particulier, résultent du *transfert* sur un animal d'une crainte qui avait à l'origine un tout autre objet.

Dans les rêves, les tendances inconscientes emploient très souvent le déplacement pour ruser avec la censure. Ainsi, des objets indifférents peuvent terrifier et angoisser le rêveur, parce qu'ils se sont substitués à d'autres objets qui auraient des raisons, eux, de l'angoisser. Ce défaut de correspondance entre l'insignifiance d'un élément donné du contenu manifeste et sa valeur latente est courant. Dans le rêve déjà cité de l'étranglement du petit chien blanc, la haine de la rêveuse vis-à-vis de sa belle-sœur a « investi » un objet tout autre : le chien, qui n'a qu'une parenté associative avec son objet réel. Des impressions de la veille peuvent avoir laissé le sujet totalement indifférent, et être nanties, dans le rêve, d'une haute signification.

Il faut attribuer encore au déplacement la tendance du rêveur à attribuer aux autres ses propres intentions (1) ; la transformation en son contraire d'une situation du contenu latent dans le rêve manifeste, etc. L'interprétation de rêves consiste en grande partie à savoir retrouver les véritables intentions, à sérier les déplacements en même temps qu'à dissoudre les condensations, car condensation et déplacement sont le mécanisme qui contribue le plus à la déformation et à l'incohérence apparente des rêves.

(1) A vrai dire, cette tendance à attribuer à autrui des idées, des intentions, etc., qui viennent en réalité de nous, est un procédé de l'inconscient assez caractéristique pour qu'il reçoive un nom particulier. Aussi l'a-t-on appelé mécanisme de *projection*. Il intervient non seulement dans la formation des rêves, mais dans les symptômes névrotiques, et explique certains caractères. C'est ainsi que le « persécuté » *projette* sur autrui les reproches exagérés que lui fait sa conscience morale. Ce ne sont pas les autres qui le persécutent, c'est en réalité lui-même qui se persécute.

La dramatisation. — Le terme dramatisation exprime que le contenu manifeste des rêves se présente toujours comme réalisant une situation, une action, de sorte que des idées abstraites doivent, pour passer dans le rêve, se transformer en images, en « drame ».

C'est ainsi que la possession sera représentée par un fait physique : « être assis » sur un objet. Une personne pense : « Cela ne vaut pas la peine de lutter dans cette vie » ; la nuit, « elle voit en rêve un hanneton grimper le long d'une grille, et, au moment où il arrive en haut, il dégringole pour recommencer l'ascension ». Un auteur pense qu'il doit corriger dans un article un passage d'un style pénible, la nuit, il se voit rabotant une pièce de bois, etc.

La dramatisation exerce une influence sélective sur les matériaux utilisés dans le rêve manifeste, car elle est nécessairement sujette à des limitations définies. Tout ne peut pas être exprimé en images, et l'interprétation doit en tenir compte. La façon, en particulier, dont les relations logiques sont exprimées dans le rêve varie avec les individus. Parfois, elle se manifeste par l'apparition simultanée de diverses images, les liens de causalité étant indiqués par la succession même des éléments. Le plus souvent, un des termes du rapport causal est représenté par un rêve servant d'introduction, l'autre par le « rêve principal ». Il faut beaucoup de prudence pour interpréter tous ces rapports de causalité, d'opposition ou de contradiction.

Le symbolisme des rêves. — Un symbole est une chose ou une représentation qui, remplaçant une autre chose ou représentation, en vertu d'une analogie ou d'une relation quelconque, revêt, par accident, une signification qui n'est pas la sienne. Par exemple, le symbole algébrique est la lettre qui, dans une formule, représente toutes les quantités possibles d'une certaine catégorie. Ici, l'analogie est parfaitement conventionnelle. Mais dans la plupart des cas, des liens précis lient le symbole au symbolisé, par exemple des similitudes d'ordre affectif : c'est ainsi qu'une portion de la terre natale est, pour l'exilé, le symbole de la patrie lointaine.

Or l'expérience des psychanalystes leur a permis de déceler parmi les images du rêve manifeste quantité de symboles d'images latentes, et de spécifier un certain nombre d'images qui symbolisent avec régularité d'autres images cachées. Ce symbolisme est bien entendu un moyen pour l'inconscient de ruser avec la censure.

Il y a de nombreux symboles typiques. L'autorité paternelle ou maternelle, ou, plus simplement, le père et la mère sont fréquemment représentés par l'image d'un roi ou d'une reine. L'enfant se représente par exemple facilement son père comme un géant. Le système symbolique père comprend d'ailleurs de nombreux termes : outre roi, chef, on trouve des animaux puissants comme le lion, l'aigle, le taureau. Prenons le cas d'un rêve où un aigle viendrait nous dévorer, il y a tout à parier que ce rêve signifierait une représaille paternelle en relation avec l'élément « crainte du père » des désirs œdipiens. Le symbole du « père terrible », craint et respecté, est souvent le taureau, et des rêves de ce genre signifient chez le sujet qui en est coutumier un sentiment d'infériorité vis-à-vis de l'autorité paternelle.

La femme se représente la masculinité comme quelque chose d'agressif, et choisit comme symbole des instruments coupants, tranchants. La féminité est symbolisée pour l'homme par quelque chose d'éminemment passif ; une matière creuse, un tunnel, une grotte, un bateau. On a décrit aussi le symbole de l'araignée, qui représente dans l'imagination onirique la mère terrible qui emprisonne l'enfant dans les mailles de sa domination.

La naissance est exprimée régulièrement par l'intervention de l'eau ; on plonge dans l'eau, ou on sort de l'eau, cela veut dire que l'on enfante ou que l'on naît. La mort est exprimée par le départ.

Il n'est point dans notre intention de citer tous les symboles que Freud a énumérés dans *L'interprétation des rêves*. Deux modalités du symbolisme sont, plutôt, dignes de remarque : d'une part une représentation inconsciente donnée peut se traduire, suivant les cas, par une image symbolique très différente ; il y a une certaine liberté dans le symbolisme ; et ainsi, des symboles très différents peuvent symboliser le même contenu : par exemple, le père symbolisé par les termes roi, lion, etc., qui forment le système symbolique père. Mais, inversement, une même image de rêve peut correspondre à des éléments inconscients d'origines diverses — ou même ne pas être un symbole du tout. Un bateau, par exemple, peut symboliser le berceau de notre enfance, la nature féminine, ou représenter... un bateau.

Aussi interpréter les symboles du rêve est un travail demandant de la prudence : un symbole *isolé* ne saurait fournir aucune clef pour pénétrer dans l'inconscient. La méthode symbolique, en tout état de cause, n'est qu'un auxiliaire de la méthode associative Comme le dit Freud : « La technique qui repose sur la connaissance des symboles ne remplace pas celle qui repose sur l'association et ne peut se mesurer avec elle. Elle ne fait que compléter cette dernière et lui fournir des données utilisables. »

Ces brèves analyses montrent, pensons-nous, suffisamment la complexité des rapports existant entre inconscient et conscient dans le rêve. D'un certain point de vue, *le rêve n'est autre chose que l'effet du travail d'élaboration*, travail qui consiste à condenser, déplacer, dramatiser, mettre en œuvre les symboles, sans compter cette élaboration secondaire « qui se charge de transformer en un tout à peu près cohérent les données les plus immédiates du rêve, mais en rangeant les matériaux dans un ordre incompréhensible ». On peut dire aussi que *le rêve est la « forme que le travail d'élaboration imprime aux idées latentes »*.

On comprend, dès lors, que des désirs effectifs puissent parfois se traduire, dans le contenu manifeste, par des images absolument contraires à la réalisation de ces désirs. Il suffit pour cela d'une censure particulièrement exigeante, de déplacements suffisamment lointains. Les mécanismes du rêve peuvent rendre méconnaissable et masquer presque totalement le contenu latent d'un rêve, qui, cependant, révélera son vrai sens à l'analyse associative.

Rêves et vie de l'esprit. — Grâce à l'élucidation du rêve, manifestation normale et non morbide, la psychanalyse peut devenir *la* science de l'inconscient. « Si le rêve est bâti comme un symptôme, écrit Freud à ce sujet, si son explication exige les mêmes hypothèses : celle du refoulement des aspirations instinctives, celle des formations de substitution et de compromis, celle des divers systèmes psychiques situant le conscient et l'inconscient, alors la psychanalyse n'est plus une science accessoire de la psychopathologie, elle est bien plutôt la base d'une science psychologique nouvelle qui devient indispensable pour comprendre aussi le normal. On peut reporter ses hypothèses et ses résultats dans d'autres domaines de la vie psychique et mentale ; la voie du large, avec le droit à l'intérêt universel, lui est ouverte. »

Parmi les ramifications immédiates de *L'interprétation des rêves*, il faut citer d'abord un petit livre de Freud, sur *Le mot d'esprit et ses relations à l'inconscient* (1905), où il tente, à l'aide des schémas du rêve, l'investigation des « mots d'esprit ». Certains, trouve-t-il, sont inoffensifs et visent seulement à procurer du plaisir. Mais d'autres ont une fonction plus précise. Obscènes, agressifs, cyniques ou sceptiques, ils sont, chez celui qui les fait, un moyen d'expression d'idées qui ne peuvent ou ne veulent pas être exprimées de façon directe. Lorsqu'un bon mot « surgit » en nous, ne nous apparaît-il d'ailleurs pas comme le fruit de processus inconscients plutôt que conscients ? D'autre part, Freud voit, dans le plaisir que ressent l'auditeur, une *complicité entre deux inconscients*, et, « à vrai dire, nous ne savons pas, en riant d'un mot d'esprit, de quoi nous rions, et nous nous trompons toujours sur la qualité du mot d'esprit et sur la valeur de l'idée dont il est le véhicule ». Autrement dit, sa signification réside dans l'inconscient.

Une voie particulièrement riche, celle de la *vie imaginaire*, fut aussi la conséquence de l'élucidation du rêve. Freud put prouver, à propos d'une petite nouvelle, *Gradiva*, de W. Jensen (1), que *les rêves inventés par un écrivain sont susceptibles des mêmes interprétations que les rêves réels*, donc que, dans l'activité créatrice du poète, les mêmes mécanismes de l'inconscient entrent en jeu que ceux qui président à l'élaboration du rêve, et, partant, des symptômes.

(1) *Le délire et les rêves dans la Gradiva de W. Jensen*, 1907, trad. N.R.F.

Chapitre III

LA VIE MENTALE ET L'INCONSCIENT

Nous nous sommes contenté, jusqu'à présent, d'indiquer les découvertes essentielles de Freud : existence de conflits psychiques, importance des tendances sexuelles, relation entre symptômes et conduites d'une part, refoulement et inconscient d'autre part.

Mais bien des lacunes restent à combler, si nous voulons nous faire une représentation exacte du problème de l'inconscient tel qu'il se pose dans la psychanalyse. Comment distinguer l'inconscience « normale » des tendances ou des souvenirs non actualisés, mais pouvant l'être facilement, de cette inconscience particulière, due au refoulement ? Quelle est la structure et l'origine des processus refoulants ? Sont-ils conscients, ou non conscients ?

Si nous n'avons point répondu plus tôt à ces questions, c'est que d'abord Freud ne se les est pas posées tout de suite, et que d'ailleurs ses conceptions proprement doctrinales ont considérablement évolué depuis ses premiers ouvrages. Dès *Le moi et le ça* (1923), et *Inhibition, symptôme, angoisse* (1926), Freud conçoit l'inconscient d'une façon moins *substantive*, plus *adjective*, admet la pluralité des processus inconscients, modifie son schéma initial de l'appareil psychique, et voit dans le refoulement, non plus la réaction générale de défense, mais un cas particulier des *mécanismes de défense*. Est-il pour autant infidèle à ses intuitions premières ? Nous ne le pensons pas.

Ce chapitre, destiné à préciser comment Freud se représente la structure de la vie mentale, comportera en premier lieu des indications sur les conceptions initiales de Freud, celles qui correspondent à ce que l'on appelle parfois « l'époque héroïque » de la psychanalyse ; puis, nous faisant l'écho des modifications qu'il leur apporta, nous serons à même de juger de la nature exacte de l'évolution de la doctrine. Enfin, quelques remarques sur l'évolution de la thérapeutique analytique ne seront pas inutiles.

I. — Premières conceptions

Dans l'*Introduction à la Psychanalyse* (1916-1918), de même que dans les ouvrages qui l'ont précédée, Freud insiste sur la *puissance* de l'activité inconsciente, l'influence *causale* qu'elle exerce sur la conscience, et la conçoit comme une véritable réalité substantielle, quoique occulte. Rejoignant les intuitions des métaphysiciens allemands, il en fait presque l' « en soi » du conscient. D'autre part, il identifie strictement inconscience et refoulement. L'inconscient *est* le refoulé. Résumant Freud, Jones écrit : « L'inconscient représente la région de l'esprit dont les éléments se trouvent en l'état de refoulement. »

Inconscient et préconscient. — Aussi Freud distingue-t-il soigneusement les processus « inconscients » d'autres processus qui, sans être conscients, peuvent facilement et à chaque instant le devenir, les processus *préconscients*. En effet, l'expérience montre que des représentations de divers types (idées, images-souvenirs) deviennent aisément conscientes, puis cessent de l'être, pour ensuite le redevenir sans difficulté : ainsi, nous pensons à tel paysage, puis nous tournons ailleurs notre attention, puis nous y repensons. C'est que l'état de conscience est des plus fugitifs, et ne saurait couvrir à un instant donné le champ psychologique entier. De cette partie d'inconscient qui tantôt reste inconsciente, tantôt devient consciente, Freud dit qu'elle est « capable de devenir consciente », et lui donne le nom de « préconscient ».

Le préconscient, susceptible d'être évoqué par le jeu normal des représentations, est donc très différent de l'inconscient dynamique, inaccessible à l'évocation volontaire, que seule une technique spéciale (hypnose, psychanalyse) peut rendre conscient. « Les faits psychiques latents, c'est-à-dire inconscients au sens descriptif mais non dynamique du mot, sont des faits *préconscients*, et nous réservons le nom *d'inconscients* aux faits psychiques refoulés, c'est-à-dire dynamiquement inconscients. »

Tendances et inconscient. — Que signifie, dans ces conditions, l'expression « tendance inconsciente », ou « tendance refoulée », qu'emploie Freud si souvent ? Sont-ce les tendances, les pulsions elles-mêmes qui sont inconscientes ? Y a-t-il lieu de distinguer également à leur propos préconscience et inconscience ?

En fait, Freud dit expressément — en accord en cela avec la psychologie traditionnelle — qu' « en ce qui concerne les tendances, l'opposition entre conscient et inconscient est dénuée de sens ». Lorsque les psychologues utilisent l'idée de tendance, ils la conçoivent en vérité plus comme une *notion commode*, que comme l'expression d'une réalité. Aussi, Freud reconnaît-il dans *Quelques observations sur le concept d'inconscient en psychanalyse* (1912) (1)

(1) Trad. dans un recueil de textes publié par la N.R.F. sous le titre *Métapsychologie*, par M. Bonaparte et A. Bermann.

que l'expression « tendance inconsciente » ne saurait être qu'une « innocente liberté de langage ».

Une tendance inconsciente signifie, à strictement parler, une tendance « dont le *représentant psychique* est inconscient », que ce représentant soit une intention d'action, une idée, un souvenir. Et, c'est au niveau de la représentation qu'il faut parler, comme nous le faisions tout à l'heure, de préconscience ou d'inconscience véritable. Ainsi Freud dissipe-t-il heureusement une ambiguïté à laquelle le lecteur avait peut-être été sensible, puisque nous avons parlé dans les chapitres précédents tantôt de pulsions, tantôt de souvenirs refoulés. Une tendance est dite refoulée lorsqu'elle n'a pas le droit de se manifester par une image d'objet, un sentiment, une idée. Mais c'est l'image, le sentiment, l'idée qui sont, à strictement parler, inconscients.

La censure. — Comment Freud se représente-t-il, d'autre part, les processus refoulants ? Dans l'*Introduction*, il les décrit comme une fonction de « censure », dont la censure du rêve n'est qu'une manifestation. Les instincts sexuels et en particulier leurs composantes infantiles obéissent au « principe du plaisir », et tendent à la décharge ; mais petit à petit, sous l'influence des exigences de la situation extérieure, des interdits parentaux, se développent les *instincts du moi*, obéissant au « principe de réalité » et tenant en partie lieu d'une sorte de *morale archaïque* puissante d'où émanent les réactions de défense et le refoulement. Cette fonction de censure est donc à l'origine des conflits infantiles qui, en se perpétuant sourdement, sont responsables des névroses aussi bien que des styles de conduite adultes.

Mais est-elle consciente ? Ou non consciente ? Freud, avant 1920, n'est pas clair. Il sembla la situer entre l'inconscient et le préconscient. Il compare l'appareil psychique à une grande antichambre où se pressent les tendances, à laquelle est attenante une sorte de salon où séjourne la conscience. Entre les deux, contrôlant l'entrée de l'antichambre dans le salon, un gardien, qui ne laisse passer que les tendances qui lui plaisent. Les autres, victimes de ce barrage, sont refoulées... Ajoutons que les tendances admises par le gardien-censure sont nécessairement préconscientes avant de devenir conscientes. Il semble donc bien que la censure ne fait pas partie de la conscience ; d'ailleurs, se manifestant au cours de l'analyse par la résistance, elle ne peut être surmontée sans une aide extérieure : Freud sera donc en nécessité d'admettre l'existence d'un troisième inconscient, non refoulé, mais refoulant.

II. — Corrections aux premiers schémas

A partir de l'essai intitulé *Au-delà du principe du plaisir* (1920) et surtout de *Le moi et le ça* (1923) (1), diverses considérations vont amener Freud à modifier ces conceptions initiales, ou plutôt à les intégrer dans des perspectives plus vastes.

D'abord, les progrès dans la technique analytique et l'étude approfondie de l'*angoisse* lui font acquérir la conviction que les instances refoulantes sont véritablement soustraites à la conscience ; contrairement à ce qu'il pensait primitivement, elles sont souvent davantage responsables des symptômes névrotiques que les pulsions instinctives en elles-mêmes. Réfléchissant alors sur le rôle du moi et de la fonction du réel, il est amené à les valoriser considérablement ; ces instances mentales ne seraient-elles pas à l'origine des *mécanismes de défense*, que rendent

(1) Réunis dans les *Essais de Psychanalyse*, P.U.F. Cf. aussi le dernier ouvrage de Freud, commencé en juillet 1938, et resté inachevé, l'*Abrégé de Psychanalyse*, Ed. Payot.

nécessaires aussi bien la puissance des instincts que, le cas échéant, l'énergie exagérée de la censure ?

Il s'ensuivra un nouveau schéma de l'appareil psychique, ainsi que des spéculations — parfois osées — sur l'essence de la psyché. Mais c'est surtout le problème de la signification du concept de l'inconscient qui prendra sa forme finale.

L'angoisse. — Freud a beaucoup varié dans ses explications successives de l'angoisse névrotique. Au début, il fait de la « névrose d'angoisse » une névrose « actuelle », puis il décrit sous le nom d' « hystérie d'angoisse » une névrose qui ressortit au même type d'explication que l'hystérie proprement dite ou la névrose obsessionnelle. Mais un point reste obscur : comment se fait-il que le refoulement se traduise par de l'angoisse, ce sentiment étrange et si pénible ? Freud est conduit bientôt (1926) à admettre qu'elle représente une *peur* du moi, de la conscience, devant un danger ; il parle même d'une réaction de *fuite* (1). Pourquoi cette réaction ? Certes, c'est bien devant un danger *intérieur* que se trouve le moi — et cela suffit à distinguer l'angoisse névrotique de l'angoisse objective devant une réalité extérieure ; mais ce danger consiste-t-il simplement, comme on pourrait s'y attendre, dans le caractère impérieux, violent des tendances instinctuelles, d'ordre essentiellement sexuel ?

L'expérience analytique conduit Freud à deux conclusions importantes :

En premier lieu, le moi réagit par l'angoisse, non point uniquement aux instincts *mais à la violence de la censure*. Il semble que les états d'angoisse proviennent du fait que le moi se trouve faible et

(1) *Inhibitions, symptôme, angoisse*, trad. P. Jury et E. Fraenkel, P.U.F.

peureux devant le caractère redoutable de l'instance réprobatrice inconsciente, qu'il appelle dès lors le *surmoi*. Ce n'est pas la libido qui se traduit directement en angoisse, car ce qui est perçu par la conscience, c'est moins la force de l'instinct que la menace du châtiment. « L'angoisse, écrit-il, traduit la présence du surmoi plus que celle de la libido, et la réaction du moi à cette présence. » Voire : « Ce n'est pas le refoulement qui provoque l'angoisse, mais bien l'angoisse, apparue la première, qui provoque le refoulement. »

En second lieu, c'est surtout à propos des *pulsions agressives* que le surmoi est sévère vis-à-vis du moi. L'angoisse, précise-t-il, est une sorte de signal d'alarme devant un danger psychique constitué par un conflit qui provient de la faiblesse du moi devant un système interne de répression qui lui interdit d'accueillir des pulsions *à la fois sexuelles et agressives*.

Les mécanismes de défense. — L'attention de Freud était dès lors tournée vers les « mécanismes de défense » du moi, qui désignent « tous les procédés dont se sert le moi dans les conflits susceptibles d'aboutir à une névrose, tandis que le *refoulement* désigne, lui, un mode bien déterminé de défense que nos recherches nous ont permis de mieux connaître (1). » Ainsi, la régression, la formation réactionnelle, la projection, la sublimation et le déplacement, sont des méthodes dont, avec le refoulement, le moi dispose dans sa lutte contre les représentants psychiques des instincts.

La mise en œuvre de ces mécanismes dépend, non seulement de la force et de la faiblesse relative

(1) Freud est amené, dans la ligne de ces réflexions, à distinguer le *refoulement originaire* archaïque, et le *refoulement après coup*, qui intervient à titre de mécanisme de défense dès lors qu'une pulsion est interdite de conscience à un moment subséquent de l'histoire individuelle.

des pulsions et du surmoi, mais aussi de la force ou de la faiblesse intrinsèque du moi. Les motifs en peuvent être : peur du surmoi, crainte du monde extérieur, crainte devant la puissance des pulsions, etc. Notons qu'en faisant intervenir ces mécanismes de défense à côté du refoulement, Freud permet de mieux comprendre la formation de conflits et de complexes chez le tout jeune enfant, non encore possesseur d'un surmoi. Mais, en même temps, il est amené à valoriser l'action du moi, d'où partent les réactions défensives.

Ça, Moi, Surmoi. — Ces conceptions nouvelles sont solidaires, on le voit, d'un nouveau schéma de l'appareil psychique, que Freud différencie en *Es*, *Ich* et *Ueber-Ich*.

Le *Ça* est l'ensemble des pulsions primitives, et comporte notamment tous les éléments refoulés, d'ordre sexuel ou agressif (1).

Le *Moi* représente d'abord le système conscience-perception ; il dispose du contrôle des mouvements volontaires. Mais il comporte également les processus préconscients et il est le centre de départ des réactions de défense contre le soi. Dans une certaine mesure l'action contre les exigences pulsionnelles est involontaire et inconsciente. Le rôle et la structure du moi sont donc multiples.

Le *Surmoi* enfin correspond à la « morale archaïque » infantile. Dans certains textes, Freud fait du surmoi une partie du moi, mais, bientôt, il le considère comme une instance à part, « par laquelle se prolonge l'influence parentale ». En effet, il est l' « héritier du complexe d'Œdipe », et il représente « l'introjection des interdictions familiales ». Sorte de

(1) Nous n'insisterons pas ici sur les spéculations qui conduisent Freud, « après de longues tergiversations », à réduire les pulsions à la dualité de l'*Eros* (amour et conservation) et de la *pulsion de Mort*.

seconde nature qui « surveille, menace, comme autrefois les parents surveillaient et menaçaient l'enfant », il constitue, dans la mesure où il se détache du moi ou s'oppose à lui, une troisième puissance dont le moi est obligé de tenir compte. La pratique psychanalytique conduisit Freud à admettre que le surmoi était inconscient (1).

L'équilibre psychique. — Ce nouveau schéma est favorable à l'élaboration d'une théorie psychanalytique de la vie de l'esprit, valable non seulement pour expliquer les désordres névrotiques, mais les différenciations caractérielles et les conduites normales.

Il y a santé, équilibre psychique, lorsque aucune situation conflictuelle tendant à se manifester par des symptômes névrotiques n'existe. Ceci n'exclut pas, bien entendu, l'existence d'un surmoi capable de châtier, de souvenirs et d'instincts refoulés, etc. Aussi bien peut-on découvrir, grâce à l'étude des rêves, à l'examen des conduites affectives, voire grâce à une analyse « didactique », telles ou telles fixations, tels ou tels complexes. Le style de vie de chacun de nous dépend pour une grande part des expériences infantiles et de leurs répercussions inconscientes. Mais il y a névrose lorsque, dès l'origine, le moi s'est trouvé débordé et s'est épuisé en mécanismes de défense inutiles ou exagérés, soit par peur du « ça », soit par peur du « surmoi ».

L'équilibre psychique dépend donc avant tout du comportement, plus exactement des « habitudes » de comportement du moi : s'il sait satisfaire pour le mieux les pulsions élémentaires, tout en respectant les exigences extérieures et en faisant face au surmoi

(1) Sur la structure du Surmoi et les rapports entre les notions de *surmoi*, d'*idéal du moi* et de *moi idéal* utilisées par Freud, cf. l'article de D. Lagache, in *La Psychanalyse*, vol. 6, P.U.F., 1961 : *Psychanalyse et structure de la personnalité*.

critique, il réalise un état satisfaisant, quels que soient les moyens employés. « Est considéré comme correct tout comportement du moi qui satisfait à la fois les exigences du soi, du surmoi et de la réalité, ce qui se produit lorsque le moi arrive à concilier ces diverses exigences. »

Freud a souvent insisté sur l'importance de la *sublimation* des tendances élémentaires comme facteur d'équilibre, c'est-à-dire du déplacement de leur énergie dans un sens « spirituel », vers des buts « socialement élevés ».

Les processus inconscients et l'inconscient. — Que devient, dans ces conditions, la notion d'inconscient ? Alors que, durant l'époque « héroïque » de la psychanalyse, Freud substantifiait l'inconscient, et, le distinguant seulement du préconscient, le considérait comme l'ensemble des faits mentaux refoulés, n'assistons-nous pas à une dialectisation subtile du terme ? En effet, d'abord, sans abandonner et même en approfondissant les remarques de 1912 dont nous nous sommes fait l'écho, Freud fait de plus en plus de l'inconscient, non un fait, mais une *qualité* psychique. Non seulement des souvenirs, mais les mécanismes de refoulements, les injonctions émanant du surmoi peuvent avoir la qualité « inconscience ». Autrement dit, le terme doit être utilisé de façon *adjective*, non *substantive*. La conscience et l'inconscience sont de simples qualités de la vie psychique. Des fonctions mentales très différentes peuvent être « inconscientes ». D'autre part, Freud ne laisse pas de multiplier les fonctions inconscientes. Outre le ça, une partie du moi (celle qui préside aux mécanismes de défense), le surmoi sont inconscients. Nous voici en présence de *trois sortes d'inconscience* !

Faut-il donc — nous fondant d'ailleurs sur certains textes (1) — penser que le concept d'inconscient perd toute la signification que Freud lui avait donnée primitivement ?

Ainsi, dans le chapitre des *Essais de psychanalyse* consacré à « la conscience et l'inconscient », après avoir établi que « le dynamisme psychique se manifeste toujours sous un double aspect, conscient et inconscient », et que, si tout ce qui est refoulé est inconscient, « il y a des éléments qui sont inconscients sans être refoulés », Freud se trouve « dans la nécessité d'admettre l'existence d'un troisième inconscient, non refoulé ». Mais, dit-il, de ce fait « le caractère de l'inconscient perd toute signification précise ». Justifie-t-il, dès lors, « les généralisations et les déductions rigoureuses, en vue desquelles nous l'utiliserions volontiers » ?

En vérité, malgré l'adjectivation du terme, malgré la pluralité des opérations mentales qu'il en est venu à caractériser, Freud a toujours considéré que les processus inconscients *proprement dits* étaient ceux qui correspondaient au refoulement — et partant il est resté fidèle à l'esprit de ses intuitions premières. On lit dans les *Essais de psychanalyse* : « ce qui est refoulé est pour nous le prototype de l'inconscient » ; et, dans l'*Abrégé de psychanalyse*, à propos des éléments du ça qui sont refoulés : « c'est à ce matériel que nous avons réservé le nom d'*inconscient proprement dit* ». Tenons-nous-en à ces formules tout en gardant à l'esprit cependant la souplesse avec laquelle Freud a su par ailleurs utiliser la qualité « inconscience ».

(1) Au sujet du problème théorique de l'inconscient chez FREUD, se référer aux textes suivants : *Introduction à la Psychanalyse*, chap. XIX, *Métapsychologie*, chap. *L'inconscient* ; *Essais de psychanalyse*, part. III, chap. I ; l'*Abrégé de psychanalyse*, chap. IV.

TROISIÈME PARTIE

L'INCONSCIENT APRÈS FREUD

Chapitre Premier

THÉORIES POST-FREUDIENNES

Freud a orienté d'une façon décisive les recherches sur l'inconscient. Ceux qui, après lui, en poursuivirent l'étude, furent des disciples — appliqués, dissidents, ou originaux — qui, bon gré mal gré, bénéficièrent des schémas apportés par le maître.

Après une pénible période de solitude, qui dura une dizaine d'années, la science nouvelle éveilla vite, en effet, la curiosité de médecins et de psychologues. Dès 1906, Bleuler et son assistant, C.-G. Jung, appliquent à Zurich les méthodes analytiques. Simon Ferenczi, un Hongrois, Jones, un Anglais, travaillent la psychologie freudienne. En 1910 s'organise une « Association psychanalytique internationale » dont Jung est élu président. Elle groupe les noms des premiers freudiens : outre ceux déjà cités — Abraham, Otto Rank, Stekel, Brill, Sachs, le pasteur Pfister, Theodor Reik, Alfred Adler...

Freud était très intolérant avec ses disciples, et maintint toujours, avec une ténacité inouïe, les thèmes directeurs de sa doctrine. Il ne voulut jamais rien céder d'essentiel. Cette intolérance est tout à sa gloire. Freud avait rencontré beaucoup de difficultés pour faire admettre ses vues, et c'est grâce à ce courage intellectuel, à cette fière personnalité, que la psychanalyse avait pu se constituer. Pourquoi aurait-il modifié, ensuite, son attitude ?

Cependant, des dissidences se produisirent, en même temps que des notions nouvelles se révélaient. Entre 1914 et 1976, on conçoit que la science de l'inconscient, personnifiée par la psychanalyse, ait pu s'agréger des éléments nouveaux. Nous allons, dans ce chapitre, étudier rapidement quelques-uns des auteurs qui ont le plus marqué le mouvement psychanalytique. Les modifications les plus importantes apportées aux schémas freudiens ont été notamment le fait de deux « dissidences », celles d'Adler et de Jung, c'est d'abord sur elles que nous porterons notre attention. Puis, avec Melanie Klein et Jacques Lacan, nous aborderons deux contributions, dont l'une a pour objet l'exploration de la période pré-œdipienne, l'autre un retour à Freud à travers une recherche des plus originales (1).

I. — Adler et les sentiments d'infériorité

En ce qui concerne Adler, la scission s'effectua dès 1907 avec une étude sur *Les infériorités organiques et leur retentissement psychique* (2).

Sentiments d'infériorité et volonté de puissance. — L'originalité de la position d'Adler par rapport à celle de Freud se trouve dans le rôle que celui-ci attribue à la volonté de puissance et au sentiment d'infériorité dans la détermination du psychisme inconscient. Adler part de l'observation suivante : lorsqu'un individu naît avec des organes déficients, avec une infériorité organique constitutionnelle, le sentiment de cette infériorité déclenche en lui une série de processus psychiques inconscients, qui ont pour but de permettre à sa personnalité de se développer et de compenser l'infériorité en question. Ainsi, le « *sentiment d'infériorité* que tels ou tels organes inspirent à l'individu devient un facteur permanent de son développement psychique ».

Adler tourne donc son attention sur l'activité

(1) Nous avons dû faire un choix, eu égard aux dimensions restreintes de cet ouvrage, — en regrettant, par exemple, de ne pas accorder une place aux travaux de Winnicott, ou aux extensions de la psychanalyse au domaine des groupes.

(2) Plusieurs ouvrages d'Adler ont été traduits en français, dont *Le tempérament nerveux* qui date de 1912 et *Connaissance de l'homme* (1921).

compensatrice et lui accorde une place importante dans la vie mentale. En même temps, il est conduit à voir dans les « instincts du moi » qui, disait Freud, obéissent au « principe de conservation » une fonction psychologique sensible à la moindre défaillance du moi : Adler les appelle instincts d'expansion de la personnalité, ou encore, selon l'expression de Nietzsche, *volonté de puissance*.

Dès qu'il y a infériorité réelle du moi, ou même infériorité supposée, cette volonté de puissance se raccroche à d'autres éléments, de façon à compenser l'infériorité en question. On dirait que le mobile secret de l'âme humaine, *se faire valoir*, est la source d'une inquiétude constante de notre valeur personnelle soucieuse de réagir à tout ce qui pourrait l'amoindrir.

De la compensation naissent des buts d'activité, des fictions directrices qui, dit Adler, manifestent leur action avec une force particulière dans des moments d'angoisse et d'insécurité ; « en dehors de ces moments, ils agissent en sourdine dans l'inconscient ». Elles conduisent l'être malingre à rechercher la domination sur ses semblables, seront la sève de son ambition, ou des mondes imaginaires que créera sa mythomanie. Tout homme connaît ses points faibles de façon affective, intime ; et de là dépend son « style de vie », dont l'objet est de masquer ces infériorités en donnant satisfaction, d'une manière ou d'une autre, à la volonté de puissance — style de vie imprégné en conséquence d'un but inconscient de supériorité. Aussi le développement psychique représente le fruit d'une lutte au niveau de l'inconscient entre une tendance négative (sentiment d'infériorité) et une tendance positive (le vouloir-être supérieur). En fait, la tendance positive se voit naturellement dirigée vers la compensation, et « tout vouloir n'est autre chose qu'une recherche de compensation, qu'un effort visant à étouffer le sentiment d'infériorité ».

Les rêves. — Bien entendu, rêves et créations imaginaires s'expliquent en référence à la compensation : leur objet est de satisfaire fictivement l'instinct de puissance. Adler applique aux désirs afférant à cet instinct les schémas décrits par Freud à propos des désirs sexuels : le rêve est alors une réalisation hallucinatoire, fictive, de l'instinct de puissance. D'où son caractère « final » : « Le rêve consiste en tâtonnements plus ou moins judicieux ou fantaisistes, en vue de combiner des moyens pour atteindre tel but préconçu. » « Le rêve est, de par nature, une fiction reflétant les tentatives et essais préalables à l'aide desquels la prudence, l'esprit de précaution cherchent à assurer au sujet la maîtrise d'une situation future. » Pour Freud le rêve est lié aux traces du passé, pour Adler, il est tourné vers l'avenir.

Les névroses. — Le noyau inconscient qui dirige les symptômes névrotiques est du même ordre. La « finalité névrotique » est l'exaltation du sentiment de la personnalité, et les symptômes représentent, sur la base d'une infériorité ressentie, une utilisation exagérée des moyens psychiques dont dispose le sujet pour s'en évader. « Les défectuosités constitutionnelles font naître un sentiment d'infériorité qui exige une compensation. Le sujet se forge un but final purement fictif, caractérisé par la volonté de puissance, but final qui acquiert une importance extraordinaire et attire dans son sillage toutes les forces psychiques. »

Doit-on, par exemple, exprimer en termes d'inceste la fixation affective d'une fille à son père ? Pour Adler, dans l'inconscient, c'est la peur d'affronter la vie et le désir de protection qui jouent : « Une jeune fille malade qui, dominée par un sentiment d'insécurité particulier, avait cherché pendant toute son enfance un appui auprès de son père en s'efforçant de détourner sur elle toute son attention, peut concrétiser cette constellation psychique sous la forme d'un penchant incestueux, comme si elle avait voulu devenir la femme de son père. Son intelligence, sa mémoire inconsciente lui dictent, toutes les fois qu'elle éprouve un sentiment d'insécurité, l'attitude qui consiste à se réfugier auprès du père, comme si elle était sa femme. C'est auprès du père qu'elle trouve une compensation suffisante à son sentiment d'infériorité.

Elle se comporte d'une façon tout à fait symbolique, lorsqu'elle recule devant l'éventualité de fiançailles, pour autant que cette éventualité lui fait entrevoir une nouvelle atteinte à son sentiment de personnalité, des difficultés plus grandes. »

L'inconscient adlérien. — En résumé l'inconscient étudié par Adler est *dominé par l'activité compensatrice, il est organisé par elle.* Il est ce qui, au plus profond du psychisme, nous « pousse », à chaque moment, à affirmer notre personnalité dans la mesure même où nous sentons ses points faibles, à la faire « valoir » — bref, un ensemble de forces dont le but est l'affirmation de notre puissance suivant une finalité orientée par réaction contre les infériorités. Le mécanisme de compensation joue, dans la représentation que se fait Adler de l'inconscient, le même rôle que joue, dans la représentation freudienne, le mécanisme de refoulement.

Dans la mesure où Adler conteste deux des « piliers » de la théorie psychanalytique élaborée par Freud : la prise en compte de la sexualité infantile et le complexe d'Œdipe, on peut se demander s'il convient de le considérer comme faisant partie du mouvement psychanalytique. En 1915, un disciple de Freud, Sandor Ferenczi, pouvait écrire dans un texte intitulé *Critique de la conception d'Adler* que son « école psychologique », pour avoir « négligé » l'inconscient dû au refoulement, et « sous-estimé » la sexualité, se plaçait « en dehors du champ de la psychanalyse » (1). La question reste ouverte. On notera seulement qu'Adler a donné prudemment à l'ensemble de ses conceptions le titre de « psychologie individuelle et comparée », et qu'il utilise rarement le terme « psychanalyse ».

(1) Sandor Ferenczi, *Œuvres complètes*, t. II, Payot.

II. — Jung et l'inconscient collectif

Jung fut aussi un des premiers disciples de Freud. Mais il ne fut pas long à s'en séparer, notamment sous l'influence de la psychologie adlérienne (1).

Jung a introduit dans la psychanalyse les notions d'« introversion » et d'« extraversion » ; de plus il a approfondi la notion d'« inconscient collectif », seulement effleurée par Freud.

Les types psychologiques : introversion et extraversion. — Selon Jung, Freud a eu tort de limiter l'étiologie des névroses à des troubles d'ordre sexuel, et de restreindre l'inconscient à du sexuel refoulé. « Jusqu'à un certain point, écrit-il, la théorie sexuelle est absolument juste, mais elle ne voit qu'un côté de la question. Il serait donc aussi faux de la rejeter que de l'accepter dans tous les cas. » Il y a un « autre point de vue », celui du *besoin de domination* qu'a mis en valeur Adler. Aussi faut-il élargir le concept de libido tel que Freud l'a défini (l'« énergie sexuelle dans sa faculté de transformation et d'évolution »), et lui faire désigner l'ensemble des instincts dominants, dont l'instinct de puissance. La *libido jungienne* serait donc l'*énergie instinctive considérée dans sa faculté de transformation et d'évolution.*

Or, chez certains, un aspect différent de la libido prédomine ; suivant ses avatars, on aura des inconscients de contenu variable, des types différents de névrose, et, en psychologie normale, des tempéra-

(1) Le premier ouvrage de JUNG, *Psychoanalyse und Assoziations experiment* (1906), est l'exposé d'une méthode particulière d'exploration associative. Puis viennent *Les transformations et les symboles de la libido* (1912), *Contribution à l'étude des types psychologiques* (1913), *L'inconscient* (1916, trad. 1928), *Le moi et l'inconscient* (trad. 1938). Enfin, *Réalité de l'Ame* (1934) a été traduit à Genève sous le titre : *L'Homme à la découverte de son âme* (1944).

ments d'ordre opposé. Adler, d'une part, a décrit des névroses où le sujet, amoindri, « tente de s'assurer » une suprématie illusoire par des « arrangements », etc. ; il y a donc là une *accentuation du sujet.* Freud, d'autre part, voit ses malades sous la constante dépendance et en rapport avec des objets de haute importance : père, mère, etc. L' « objet » est donc la force déterminante. Jung distingue dans ces conditions deux types : l'*introverti* chez qui dominent les tendances du moi, et l'*extraverti* chez qui dominent les tendances « objectives » ou « objectales ». « Le premier, à l'état normal, se reconnaît à un caractère hésitant, méditatif, réservé, qui ne s'abandonne pas facilement, qui présente toujours quelque chose de défensif. Le deuxième se caractérise par des manières prévenantes, ouvertes en apparence et obligeantes, il se plie aisément à toute situation, il se lance souvent dans l'inconnu sans souci ni défiance... » « Chez un introverti jeune, continue Jung, la névrose revêt le plus souvent la psychologie mise en lumière par Adler, et pour le traitement d'un extraverti jeune, il est indispensable de prendre en considération les points de vue de Freud. »

En bref, Jung étend le domaine de l'inconscient freudien en y ajoutant l'inconscient adlérien, en concevant une libido qui se partage entre deux directions : centripète ou centrifuge, vers le moi et vers le monde, et qui, selon que l'une des directions l'emporte, donne un introverti ou un extraverti.

Mais tout ceci concerne l'inconscient *individuel.* Jung pense qu'au plus profond de l'inconscient il y a une zone non individuelle ou super-individuelle, la région de l'inconscient collectif.

L'inconscient collectif. — A la vérité, Freud et Rank avaient eux aussi étudié, avec les mythes, des modes généraux, collectifs de l'inconscient. Freud écrit, au sujet des mythes : « Chez eux, les rapports symboliques n'appartiennent pas en propre au rêveur, et ne caractérisent pas uniquement le travail qui s'accomplit au cours de ses rêves : les mythes et les contes, le peuple dans ses proverbes et ses chants, utilisent le même symbolisme. » Dans *Totem et Tabou* (1913), Freud étudie les thèmes inconscients de la mentalité primitive ; et, plus tard, à la suite des travaux de Jung, il rattache dans *Psychologie collective et analyse du moi*, 1923, la psychologie sociale à la psychologie individuelle (1).

Mais Jung se veut le vrai théoricien de l'inconscient collectif. Il raconte dans *L'inconscient* comment l'analyse directe d'une malade le mit en présence d'un symbole mythologique né de cet inconscient ancestral dont nous « héritons ». Il soignait une jeune fille souffrant d'un complexe paternel ; or, durant la période de traitement où le transfert se forme, Jung apparut de nombreuses fois en rêve à sa malade, sous de curieuses apparences : par exemple, se trouvant avec elle sur une colline couverte de champs de blé, il la soulevait du sol, et la tenait dans ses bras comme un petit enfant. Le vent agitait les champs de blé, et, de même que ceux-ci se balançaient, de même il la balançait dans ses bras. D'autres fois, il avait une taille gigantesque, un grand âge, il était une sorte de souffle, etc. Bref, Jung apparaissait à la jeune fille *sous l'aspect fantasmagorique d'un Dieu*. Elle avait « trouvé un Dieu », le « Dieu est esprit » des Grecs, « une figuration *ancestrale* universellement répandue et qui fait partie des mystères de l'histoire générale de l'esprit

(1) In *Essais de psychanalyse*, Payot.

humain, et qui n'appartient pas au domaine de la réminiscence personnelle ».

Ces images ancestrales qui sommeillent dans les couches les plus profondes de l'inconscient, Jung les appelle *archétypes*. Ils touchent d'un côté à des survivances très primitives et de l'autre à ces notions supérieures qui alimentent les symboles esthétiques et religieux. « En tant que, par notre Inconscient nous avons part à l'âme collective historique, nous vivons naturellement à l'état inconscient dans un monde de loups-garous, de démons, de magiciens, etc. qui ont rempli tous les temps antérieurs à nous des émotions les plus intenses. De même, nous avons part à des Dieux et à des diables, à des sauveurs et à des malfaiteurs... » Ainsi s'expliquerait la représentation d'anges, d'archanges, celle des « trônes et des dominations » chez saint Paul, celles des archontes et des royaumes de lumière des gnostiques, celle de la hiérarchie céleste de Denys l'Aéropagite, etc.

Jung et Freud. — Or ces analyses, malgré les apparences, sont assez éloignées des conceptions propres à Freud. Lorsque Freud, le cas échéant, parle d'inconscient collectif, il veut dire qu'il y a, dans l'inconscient de chacun, des éléments qui se trouvent dans tout inconscient : par exemple le complexe d'Œdipe, le complexe de castration, etc. ; d'autres complexes, auxquels on n'a pas donné de noms généraux, seraient personnels, et déterminés par des expériences purement individuelles. Pour Freud, *l'inconscient se forme dans l'enfance*, et les mythes proviendraient d'une addition d'images symboliques nées de chaque inconscient.

Mais les *archétypes* de Jung sont hérités d'un inconscient ancestral, qui préexisterait à notre naissance. *Nous naissons*, dans la thèse jungienne, *déjà nantis d'un inconscient collectif, créateur d'images héréditaires.* On mesurera les perspectives et aussi la fragilité d'un tel point de vue.

III. — Melanie Klein : la dimension imaginaire et la période pré-œdipienne

Vers la même époque, Melanie Klein s'attachait à reconstituer, à partir d'analyses d'enfants, le développement de l'univers intérieur dès l'âge du nourrisson et durant la période antérieure à l'Œdipe (orale et sadique-anale), sur la base de l'hypothèse freudienne de la dualité des pulsions libidinales et des pulsions de destruction. Ce faisant, elle était amenée à mettre en évidence l'importance des *fantasmes inconscients* du premier âge, à insister sur la dimension de l'*imaginaire* dans la vie de l'enfant et de l'adulte, à introduire enfin des concepts tels que ceux de « bon objet » et de « mauvais objet », de « clivage », de « stades initiaux » du complexe d'Œdipe (1).

« Bon objet » et « Mauvais objet ». — On sait que pour Freud l'enfant trouve dans le sein maternel un premier objet de pulsions. Cet objet partiel (qui n'est pas la mère comme totalité) est, selon le commentaire de Melanie Klein, absorbé en même temps que le lait, introjecté, ressenti par l'enfant comme partie de lui-même ; dans le psychisme de l'enfant,

(1) Ouvrages de Melanie KLEIN traduits : *Essais de Psychanalyse*, Payot, 1967 ; *La psychanalyse des enfants*, Presses Universitaires de France, 1959 ; *Envie et gratitude*, Gallimard, 1968. On trouve dans le recueil *Psychologie sociale, textes fondamentaux* publié chez Dunod un court article de Melanie Klein qui résume excellemment l'essentiel : « Le monde des adultes et ses racines dans l'enfance ». Se référer aussi à H. SEGAL, *Introduction à l'œuvre de Melanie Klein*, Presses Universitaires de France, 1969 ; et à Phyllis GROSSKURTH, *Melanie Klein, son monde et son œuvre*, P.U.F., 1990.

l'apparition de la pulsion s'accompagne dès lors d'un représentant psychique qui est la présence imaginaire, le fantasme du sein comme objet. D'autre part, dans la description de Melanie Klein, l'objet-sein est perçu comme « bon » lorsqu'il gratifie, comme « mauvais » lorsqu'il refuse la nourriture et frustre : on peut donc dire que dans l'imaginaire de l'enfant se constitue intérieurement le fantasme d'un bon objet et le fantasme d'un mauvais objet.

Pour Melanie Klein, les fantasmes relatifs au bon objet s'articulent aux pulsions libidinales, les fantasmes relatifs au mauvais objet s'articulent aux pulsions de destruction, de telle sorte que dès l'origine le sein incorporé imaginairement se trouve clivé en bon objet idéal et en mauvais objet persécuteur dont la dualité répond à la dualité de la vie et de la mort.

Position persécutive et « clivage ». — Dans le cours de son développement, l'enfant tente de maintenir l'introjection du sein idéal et d'éliminer le mauvais sein en le projetant dans le monde extérieur qu'il découvre progressivement, ce qui a pour résultat que le « sein » externe (et non plus imaginaire) est ressenti imaginairement agressif et persécuteur. C'est alors par exemple que l'enfant vit la pulsion de destruction dans le désir de mordre le sein, et qu'il se sent en même temps menacé d'être mordu ou dévoré. La réalité extérieure devient ainsi, sur la base des fantasmes primitifs du bon objet et du mauvais objet intériorisés, *clivée* elle-même en bon objet et en mauvais objet.

Melanie Klein a appelé *position persécutoire* (ou « paranoïde-schizoïde ») ce rapport à l'objet caractérisé par l'angoisse d'être agressé, persécuté, et par le clivage défensif de l'objet. Elle s'inscrit dans un ensemble de fantasmes où craintes de dévoration, destructions, allers-retours entre projection et incorporation se succèdent.

Position dépressive et « ambivalence ». — Le dépassement de la position persécutoire s'effectue au fur et à mesure que les expériences gratifiantes l'emportent, c'est-à-dire que le bon objet joue son rôle protecteur. Cela se produit lorsque l'objet peut être reconnu, non plus comme objet partiel, mais comme objet total (la mère, perçue personne unique, source de ce qui est bon et mauvais).

Mais ce dépassement engage l'enfant dans ce que Melanie Klein appelle la *position dépressive*. L'enfant ressent que le même objet (la mère) est source de gratification et de frustration, et « objet » de ses tendances amoureuses et destructrices. Son univers fantasmatique inconscient est traversé par la peur que ses fantasmes d'agression ne détruisent l'objet qu'il aime : désespoir, culpabilité accompagnent ce qui remplace le clivage, à savoir l'ambivalence vis-à-vis du même objet. C'est la présence de la mère, ses soins, son amour qui, démentant les fantasmes de destruction, permettent la disparition progressive des sentiments intenses de dépression que vit alors l'enfant.

Stades initiaux de l'Œdipe. — Toutes ces analyses correspondent à la période pré-œdipienne, aux stades de l'oralité et de l'analité (c'est-à-dire que, dans les fantasmes de l'enfant, le rapport aux objets est lié à des gratifications orales ou anales). Cependant, selon Melanie Klein, avant que n'apparaisse à proprement parler la phase génitale ou phallique où se situe l'Œdipe décrit par Freud, des prodromes de ce complexe apparaissent. Une fois reconnue objet total, l'enfant sait que la mère ne le prend pas comme pôle unique d'intérêt, qu'il existe entre son père et sa mère des relations qui l'excluent, ce qui le conduit à appréhender les relations parentales à travers ses fantasmes de destruction et d'incorporation familiers : incorporation orale par la mère du pénis, attaque de la mère pour s'approprier le pénis qui y est contenu imaginairement, etc.

L'inconscient kleinien. — Tous ces fantasmes, quelque archaïques qu'ils soient, persistent à l'état inconscient dans la vie adulte. Ainsi, le clivage des bons et des mauvais objets, comme supports et sources à la fois de désirs et d'anxiétés, façonne fantasmatiquement des rapports de l'adulte à l'environnement qui sont susceptibles d'être référés à leurs origines au cours de la cure analytique. Probablement Melanie Klein a-t-elle plus qu'aucun autre analyste exploré et théorisé le monde le plus lointain vécu par l'enfant aux premiers âges.

Ses préoccupations l'orientaient de la sorte plus vers une explicitation de la dimension imaginaire du jeu entre inconscient et conscient, que vers une explicitation de sa dimension symbolique, caractérisée par l'accès aux symboles, la fonction du langage, la référence au tiers, le rôle du père.

IV. — Lacan : le retour à Freud et la dimension symbolique

La perspective de Jacques Lacan est différente. Son œuvre difficile, marquée par un halo d'« insolite », se veut un retour à Freud — à travers une méditation interrogative où les références à l'anthropologie structurale, à la linguistique, voire à la philosophie hégélienne ne doivent servir qu'à redécouvrir le sens du « discours » freudien (1).

Si cette préoccupation apparaissait déjà dans sa thèse de médecine sur la psychose paranoïaque, qui l'amène à poser la question du moi et de l'imaginaire (1932), c'est cependant de 1936 que date sa première contribution au mouvement psychanalytique, lors d'une communication sur le « stade du miroir » au XIVe Congrès international de Psychanalyse.

Le stade du miroir. — Les travaux de Lacan autour du « stade du miroir » permettent précisément une approche de son œuvre.

Entre les six et dix-huit premiers mois, l'enfant aborde une phase où apparaît un comportement significatif devant son image dans le miroir (image spéculaire) : assomption triomphante de l'image, accompagnée d'une « jubilation » caractéristique. Selon Lacan, l'enfant, encore dans un état d'impuissance et d'incoordination motrice, perçoit alors dans sa propre image spéculaire une forme dans laquelle il anticipe *imaginairement* l'appréhension et la maîtrise de son unité corporelle. En s'identifiant à cette image, et à l'image du semblable comme forme totale, l'enfant vit l'expérience primordiale constitutive de l'ébauche du moi.

En développant cette conception d'une phase d'identification à l'image spéculaire, Lacan se centrera sur les notions

(1) Nous nous référons essentiellement ici aux textes suivants de LACAN : Le Stade du miroir comme formateur de la fonction du je (*Rev. fr. de Psychanalyse*, 1949) ; Fonction et Champ de la Parole et du Langage en psychanalyse (in *La Psychanalyse*, 1956) ; L'Instance de la Lettre dans l'Inconscient (in *La Psychanalyse*, 1957) ; La Chose freudienne ou Sens du retour à Freud en psychanalyse (*Evolution psychiatrique*, 1956) ; Position de l'Inconscient (in *L'Inconscient*, 1966), — et bien entendu à *Ecrits* (1967) qui groupe ces textes, et d'autres.

de corps propre et d'images archaïques, constitutives du noyau narcissique du sujet. L'identification primitive du stade du miroir est, dans cette conception, la base de toutes les identifications ultérieures du sujet et elle les infléchira toujours. Elle inaugure pour l'homme un rapport spécifique à son propre corps et, de ce fait, un rapport à son semblable qui fonde l'ordre imaginaire et débouche directement sur une interrogation sur le fantasme.

En effet, de par la phase du miroir, le moi se constitue d'emblée dans son caractère imaginaire. En anticipant sur l'image globale de son corps, l'enfant échappe aux fantasmes angoissants du corps morcelé, et il cherche dans le regard de l'Autre à la fois réassurance, preuve de son existence, reconnaissance. Tout ceci se situe dans un jeu d'échange qui ouvre sur la formation d'une image aliénante, tout en permettant un accès à un autre ordre que celui de l'imaginaire, à savoir l'*ordre symbolique*.

C'est qu'il faut prendre garde que la constitution du « je » à partir de la phase du miroir ne s'effectue pas d'une manière immédiate, puisqu'elle exige la médiation de l'image du corps en référence à un tiers qui la regarde et, d'une certaine manière, la constitue comme une et comme différente. En introduisant la notion de médiation nécessaire, le stade du miroir donne ainsi « la règle de partage entre l'imaginaire et le symbolique ».

Car l'imaginaire n'est rien, s'il ne peut être dit. L'ordre imaginaire n'existe qu'en référence à l'ordre symbolique, dont le primat est la clef de voûte de l'œuvre de Freud, et un des centres de la pensée lacanienne.

L'ordre symbolique et l'Œdipe. — L'essentiel du message de Freud est bien, en effet, dans l'*Interprétation des rêves* : le rêve est fait d'une symbolique, participe d'une « chaîne de signifiants » ; il est un langage, avec ses lois, ses mécanismes propres qui introduisent directement à la fonction symbolique. Il faut en déduire la suprématie de la parole et du signifiant, et que l'ordre symbolique est pour le sujet réellement *constituant*. L'ordre symbolique constitue donc le sujet, et se présente comme champ de la parole et du langage, chaîne des signifiants.

Ceci permet à Lacan de souligner l'importance de l'ordre symbolique dans le complexe d'Œdipe. Il ne suffit pas de voir dans le complexe d'Œdipe une situation uniquement à trois termes : le père, la mère, l'enfant, mais il existe toujours et nécessairement un quatrième terme, un terme symbolique, qui permet précisément que chacun des personnages soit défini dans une position. En effet, si nous considérons chaque couple possible de termes : mère-enfant, mère-père, père-enfant, l'introduction d'un quatrième terme est nécessaire pour situer les positions réciproques et les relations entre les personnages, qui introduise la relation au niveau de la parole, en fasse une loi de reconnaissance entre les sujets, et fonde ainsi originellement la relation triadique ; il se situe *symboliquement* « à l'intersection de l'image du corps et des paroles qui nomment et reconnaissent ».

L'inconscient structuré comme un langage. — Lacan en vient ainsi à montrer que c'est dans le champ privilégié de la parole qu'il faut restituer la découverte freudienne de l'inconscient comme système radicalement autre par rapport au système préconscient-conscient.

Ainsi, on a vu que pour Freud l'inconscient est régi par ses lois propres, dont les mécanismes de « condensation » et de « déplacement ». Or, Lacan pense démontrer la nature parfaitement repérable de ces deux mécanismes en termes scientifiques linguistiques. Ils constituent une *véritable rhétorique de l'Inconscient*, au point qu'en cherchant le « sens de la lettre dans l'Inconscient », c'est toute la structure du langage que l'expérience psychanalytique retrouve dans l'Inconscient.

Le mécanisme de la *condensation*, qui consiste en la substitution d'un signifiant à un autre signifiant est à rapprocher du mécanisme de la *métaphore*, prise dans le sens strict de la figure de rhétorique par laquelle « on transporte la signification propre d'un nom à une autre signification qui ne lui convient qu'en vertu d'une comparaison qui est dans l'esprit » (Littré) : ainsi, dire de quelqu'un, « c'est un lion ».

Le *déplacement* correspond à la *métonymie*, « figure par laquelle on prend la cause pour l'effet, l'effet pour la cause, le contenant pour le contenu, le nom du lieu où une chose se fait pour la chose elle-même » (id.) : ainsi, dire « cent voiles » pour « cent vaisseaux ».

Ce qu'il convient de souligner, c'est qu'alors que la métaphore ne lie des termes qu'en fonction d'une comparaison sous-entendue, la métonymie désigne un objet au moyen d'un terme uni au premier par une relation, au moyen de la *connexion* d'un signifiant à un autre signifiant, où l'on trouve tout le mécanisme élémentaire du langage.

Dans ces conditions, on peut dire que l'inconscient fonctionne comme un langage structuré. L'inconscient, « ça parle », dans l'homme. Il est « ce chapitre de mon histoire qui est marqué par un blanc ou occupé par un mensonge », mais dont la vérité « est écrite ailleurs » : le symptôme montre la structure d'un langage et se déchiffre comme une inscription — mais aussi le souvenir d'enfance, le style de vie, le vocabulaire particulier. Pour Freud, l'inconscient n'est pas une espèce définissant dans la réalité psychique le cercle de ce qui n'a pas l'attribut de la conscience, mais quelque chose d'obscur et d'inconnaissable et qui produit des *effets*. Lacan lit dans Freud que « le Sésame de l'inconscient, c'est d'avoir effet de parole, d'être structure de langage ». Il s'agit donc d'approfondir ce que Freud dit de l'inconscient comme langage dans l'*Interprétation des rêves*, la *Psychopathologie de la vie quotidienne*, les *Mots d'esprit dans leur rapport avec l'inconscient*, en se reportant à l'apport théorique et scientifique de la linguistique, telle que Ferdinand de Saussure l'a fondée, au départ, en faisant du signe linguistique le composé d'un signifiant et d'un signifié.

Signifiant, signifié et refoulement. — Pour de Saussure, le plan des signifiants constitue le plan d'expression, et celui des signifiés le plan de contenu. La signification est l'acte qui unit le signifiant et le signifié, acte dont le produit est le signe (1). Lacan propose une représentation graphique de la signification permettant de rendre compte de la structure du signifiant telle qu'elle se présente dans l'inconscient, à partir du schéma de la métaphore dans la symbolisation linguistique.

Soit *S* un signifiant, *s* le signifié qui lui est attaché, et $\frac{S}{s}$ le rapport du signifiant au signifié.

Selon Lacan, nous sommes en présence de deux chaînes : celle des signifiants (*S*) et celle des signifiés (*s*). La chaîne *S* représente le « langage pur » pris dans sa texture littérale matérielle ; la chaîne *s* doit être conçue comme se trouvant dans un rapport flottant et ne coïncidant que par certains points d'ancrage avec les signifiants : chaîne de signifiés « ambulants », parce qu'ils sont toujours en train de glisser, et de chercher à s'accrocher à une signification, — ce point d'ancrage (« point de capiton ») étant mythique, car jamais personne n'a pu épingler une signification univoque à un signifiant. Mais ce qu'il est possible de faire, « c'est épingler un signifiant à un signifiant », et « voir ce que ça fait » ; dans ce cas, « il se produit toujours quelque chose de nouveau..., à savoir le surgissement d'une nouvelle signification ».

On a vu que la métaphore consiste en la substitution dans un rapport de signifiant à signifié $\frac{S}{s}$ d'un nouveau signi-

(1) F. de Saussure, *Cours de Linguistique générale.* Rappelons que le signifié et le signifiant sont, dans la terminologie saussurienne, les composants du *signe*. Il est important de noter que le signifié n'est pas « une chose », mais une représentation psychique de la chose (le signifié du mot bœuf n'est pas l'animal bœuf, mais son image psychique) ; le signifiant est un médiateur, matériel, du signifié. Signifiant et signifié n'existent l'un que par l'autre. Selon Saussure, le signifié est comme derrière le signifiant et ne peut être atteint qu'à travers lui.

fiant S' employé comme signifiant du signifiant originel S qui, du même coup, et cela a une importance capitale, tombe au rang de signifié.

Nous aurons donc un nouveau rapport $\frac{S'}{s}$ et le produit des deux donnera

$$\frac{S}{s} \times \frac{S'}{S} = S' \times \frac{1}{s} \quad \text{ou} \quad \frac{S'}{s}$$

S est tombé au rang de signifié, mais il reste signifiant latent, puisque telle était sa première place.

D'autre part, il faut attribuer une valeur propre à la barre de séparation entre S et s. Elle n'est pas là pour les rapporter l'un à l'autre, mais pour les *cloisonner*. Autrement dit, loin de produire la signification, elle lui résiste. On voit ici que la barre représente le refoulement du signifié, et comment le schéma précédent de la métaphore symbolise le refoulement.

On peut dire en effet que, dans le refoulement, il se produit à la fois un phénomène de désinvestissement et un phénomène de contre-investissement, puisque, dans la chaîne supérieure (le système préconscient-conscient), le terme refoulé est remplacé par un autre terme. Mais, pour que cette attraction puisse s'opérer, il faut qu'il y ait déjà un système inconscient. C'est pourquoi Freud distingue le « refoulement après coup », du « refoulement originaire », qui se situe au moment où dans une première phase archaïque le représentant psychique de la pulsion se voit refuser la prise en charge dans le conscient : alors la pulsion se fixe de façon inaltérable au représentant correspondant, qui subsiste inaltérablement. Il y a donc de l'inconscient *avant tout conscient* (il n'est pas le déjet du conscient), dans la mesure où, avec le refoulement originaire, se produisent à la fois une fixation du représentant comme trace mnésique inconsciente, inscription dans une chaîne signifiante, et une fixation de la pulsion à ce représentant psychique, processus par lequel la pulsion est introduite et présente dans l'inconscient.

Par ailleurs, Lacan reprend une distinction de Freud entre les « représentations des choses », et les « représentations des mots », — les unes et les autres étant, dit-il, des éléments de langage : des signifiants. Mais les représentations des mots dénotent le système préconscient-conscient, alors que les représentations des choses caractérisent l'inconscient. Si, dans le système préconscient-conscient il y a à la fois des mots (signifiants) et des signifiés (images), au niveau du langage inconscient il n'y a que des images, et pas de distinction entre signifié et signifiant : la chaîne inconsciente peut être aussi bien ouverte à tous les sens, au pur signifiant.

Disons, en résumé, qu'en mettant en évidence la *métaphore refoulante* constitutive de l'inconscient, Lacan fait voir que le processus primaire, qui n'est pas le langage verbal, a cependant statut de langage, et permet l'accès à une première symbolisation, ou encore l'*ancrage dans le monde symbolique*.

L'inconscient, c'est le discours de l'Autre. — Nous revenons donc, par un autre biais, à cette fonction symbolique qui distingue la société humaine des sociétés animales, et fonde la culture : l'échange y est basé sur d'autres lois que le besoin, et cette « légalité » autre est celle qui régit la « vérité ». La fonction symbolique est à deux niveaux : celui où elle se réalise, s'actualise, qui est la parole du sujet — celui qui crée les conditions de possibilité de cette parole et du sujet lui-même, l'ordre symbolique en soi. C'est ce dernier niveau que Lacan désigne par « l'Autre », reprenant la formule de Freud qui, dans l'*Interprétation des rêves*, parle de l' « autre scène » pour désigner l'inconscient ; ce « lieu de l'Autre », du « ça parle », où se constituent les conditions de la parole du sujet, est appelé *le trésor du Signifiant.*

On peut dire, alors que le « discours de l'Autre » détermine et fonde la structure du désir, et que l'interrogation sur le *désir de l'Autre*, et par là même sur son propre désir, guide la cure analytique.

Il est essentiel de poser, en effet, que le désir renvoie toujours à autre chose qu'à son objet, mais à un manque constitué par la perte des premiers objets, qui, passés en tant qu'objets perdus, de l'ordre du réel à celui du signifiant, sont la trame de l'inconscient. L'objet perdu ne peut être que signifié, et non pas « retrouvé », et c'est pourquoi entre l'objet réel et le signifiant se trouve un écart, une différence, qui installe l'inconscient dans ce manque fondamental, lui-même cause du désir.

Ce désir subira dans ses avatars et sa quête maints déplacements, qu'il faut entendre au sens freudien. Il sera donc toujours une *métonymie*, c'est-à-dire que, renvoyant à ce manque dont nous venons de parler, et non à son objet, à autre chose, il y aura toujours une inadéquation du désir et de son objet, la coïncidence parfaite sera toujours un mythe.

Dès lors, si l'objet de la psychanalyse est précisément ce qui s'est perdu de la structure signifiante dans le processus de signification, cet objet n'a à proprement parler aucune qualité positive, mais il est à retrouver dans ses effets, son insistance à toujours témoigner d'un désir.

Le nom du Père et la castration symbolique. — Le signifiant du désir n'est donc plus pour le sujet un objet, mais le manque. Or, ce manque est à la fois celui qu'il porte en lui, son manque à être, mais celui dont est porteur autrui. Pour que l'autre me fasse objet de mon désir, il faut qu'il me manque aussi. C'est probablement là que se situe la dimension de l'amour (mais aussi celle de la folie : seul l'homme peut être fou). Car cette marque symbolique, nécessaire à l'homme pour entrer dans le monde du désir, Lacan la nomme métaphore paternelle, ou encore le *nom du Père*. Ce père symbolique n'a rien à voir avec le père réel : l'essentiel même de son introduction passe par la *parole* de la mère, c'est-à-dire ce qu'elle fait du père dans son discours à l'enfant.

Cette métaphore paternelle s'articule sur la base d'une part de la menace de castration formulée par la mère, d'autre part de la constatation de la différence des sexes, de l'absence du pénis chez la mère (ceci pour les deux sexes) qui est ce pour quoi elle est désirée par le père.

A ce moment, la mère apparaît comme l'objet du désir du père, et c'est de ce fait qu'elle est *interdite*. La métaphore paternelle est fondatrice de la Loi, de la prohibition de l'Inceste, — et elle fonde du même coup le désir.

L'enfant doit cesser alors d'entretenir une relation à deux avec sa mère, il doit cesser de se considérer comme l'unique objet de son désir pour être un Fils, c'est-à-dire le témoin du désir de ses parents et non sa cause, — car pour qu'il soit là, il a fallu que ses parents se désirent d'abord. C'est à ce prix qu'il aura accès au statut de sujet désirant.

Mais la métaphore paternelle fondatrice de la loi implique d'assumer une « castration symbolique ». Cette castration n'a rien à voir avec une peur imaginaire qu'il s'agirait de surmonter, mais avec quelque chose qu'il faut accepter, qui est inscrit dans l'être de l'homme qui tendra toujours à nier le manque et admettra difficilement qu'il lui faille « différer » (dans tous les sens du terme) la réalisation d'un désir. Si bien que dans la théorie lacanienne le signifiant fondamental de l'inconscient, donc du désir, c'est le *Phallus*, qui désigne non pas l'organe pénien qui n'est qu'un objet partiel (au même titre que le sein), encore que privilégié mais qui représente, eu égard à la différence irréductible des sexes, l'objet du désir, donc un signifiant qui renvoie à une *absence* de principe.

Situation de Lacan. — Telles, sont brièvement résumées, quelques thèses essentielles développées par Lacan relativement à la problématique de l'inconscient (1). Son projet semble bien avoir été d'effectuer, à travers une dénonciation des tentatives de récupération de la psychanalyse par la psychologie générale, ou des altérations qu'elle subit dans les travaux d'Adler ou de Jung, un retour serré au texte de Freud, à sa lettre et à son esprit, une restitution à la découverte freudienne de son caractère de scandale et de coupure épistémologique. En lisant les formations de l'inconscient, le rêve, les symptômes, les lapsus comme des structures signifiantes, en insistant sur les limites et les manques de l'homme, Lacan a élaboré des recherches dont il serait vain de nier la portée.

(1) Sur Lacan, cf. : Jean-Michel Palmier, *Lacan*, Ed. universitaires, 1969 ; Jean Lemaire, *Jacques Lacan*, Mardaga, 1982.

CHAPITRE II

INCONSCIENT ET FONCTION LITTÉRAIRE

Nous réserverons ce dernier chapitre aux applications littéraires de la psychanalyse, aspect particulièrement important de son extension à l'*art* en général. Freud lui-même ne dédaigna pas, en de courts travaux, de s'intéresser aux répercussions culturelles de son système : tels *Le délire et les rêves dans la Gradiva de W. Jensen*, 1907, *Un souvenir d'enfance de Léonard de Vinci*, 1910. Dans ce dernier, il se base sur le seul souvenir d'enfance dont le grand peintre nous ait fait part, et tente d'élucider son tableau de Sainte-Anne. Quant à l'interprétation de la nouvelle de Jensen, nous avons dit comment elle posait la première pierre méthodologique d'une psychanalyse proprement littéraire.

I. — La psychanalyse littéraire

Freud : parenté de l'art et du rêve. — Freud put en effet, établir à propos de *Gradiva*, que *les rêves inventés par un écrivain étaient susceptibles des mêmes interprétations que les rêves réels*. Autrement dit, les rêves imaginés étaient *aussi* un moyen pour le psychisme inconscient de s'exprimer sur le plan conscient. L'esprit logique de Freud lui fit généraliser cette remarque : pourquoi l'imagination littéraire en général n'aurait-elle pas, elle aussi, des conditions inconscientes ? Pourquoi l'œuvre littéraire ne traduirait-elle pas, en vertu de mécanismes connus : déplacement, condensation, symbolisation, etc., des complexes inconscients ? Dans ces conditions, elle aurait, comme le rêve, une fonction définie, *signifiante*.

Freud montra donc comment les tragédies antiques projetaient des complexes, cristallisaient des thèmes qui depuis toujours avaient hanté l'imagination humaine. Il donna également, au sujet d'Hamlet, certaines indications qui permirent à Jones, une étude approfondie de cette tragédie, et où il clarifiait pour la première fois les mobiles réels de Shakespeare.

Otto Rank : mythes et littératures. — Un autre disciple de Freud, O. Rank, prit ce même exemple comme point de départ de recherches sur le choix du sujet chez les poètes et les dramaturges. En effet, le choix d'un thème *désigne* toujours l'écrivain, et n'est jamais quelconque. Songeons à Gœthe écrivant Werther. Rank montra, dans *Le thème de l'inceste dans la poésie et les contes* (1911) combien souvent les poètes choisissent la situation œdipienne, et suivit à travers la littérature universelle les transformations, variations, atténuations de ce thème. D'autre part, *Le mythe de la naissance du héros* (1909) et *Le traumatisme de la naissance* (1923) contiennent d'intéressantes indications sur les rapports reliant les mythes et la littérature, et, notamment, sur les origines inconscientes du besoin mythologique et littéraire d'attribuer aux « héros » une seconde naissance, plus noble que la première.

Développements de la psychanalyse littéraire. — Depuis, la psychanalyse littéraire a tenté un certain nombre de psychanalystes. Signalons *L'échec de Baudelaire* (1929), du Dr Laforgue, ainsi que, dans la *Psychopathologie de l'Echec*, du même auteur (2e éd., 1944) une intéressante étude sur Rousseau. L'*Edgar Poe* de la princesse Marie Bonaparte (1933) est d'autre part un bon exemple d'une psychanalyse approfondie et cohérente. L'auteur dégage le souvenir impérissable qui marqua toute sa vie durant l'inconscient du poète, fut le nœud de sa névrose, et donne à l'œuvre son unité. Citons encore une belle thèse de l'anglais C. A. Hackette sur le *Lyrisme de Rimbaud*, le *Verlaine* de Porché, et une suite d'ouvrages de Gaston Bachelard du plus haut intérêt. On a encore étudié le Père Goriot, Don Quichotte, Hoffmann, etc.

Les analyses de Charles Baudouin. — Nous nous occuperons dans quelques pages des ouvrages de Gaston Bachelard. Auparavant, il nous faut insister sur l'intérêt des études théoriques et des recherches pratiques de Charles Baudouin, qui a eu le mérite d'exposer clairement, dans sa *Psychanalyse de l'art* (1929), les buts et les procédés de la psychanalyse littéraire. On lui doit aussi une étude minutieuse sur *Le symbole chez Verhaeren* (1924) et une solide *Psychanalyse de Victor Hugo* (1943).

Le but de la psychanalyse littéraire, pour Beaudouin comme pour Marie Bonaparte ou Laforgue est d'atteindre, à travers une œuvre, la raison de cette œuvre, c'est-à-dire d'en dégager des conditions inconscientes. Mais, pour interpréter l'œuvre, il faut déjà des éléments biographiques. Aussi le fonctionnement de la méthode analytique doit-il être — à défaut de pouvoir interroger, « faire associer » l'écrivain — de se baser à la fois sur des éléments biographiques et sur le matériel littéraire pour déceler les complexes inconscients. Il s'agit de se demander :

— à quelles stimulations, à quels événements de la vie l'œuvre s'efforce de réagir ;

— quels complexes personnels et primitifs animent les symboles contenus dans cette œuvre ;

— dans quel sens ces symboles se prolongent et se ramifient et s'infléchissent vers les régions supérieures de l'esprit.

Comme on le voit, Baudouin s'efforce de différencier ce qu'il y a de *collectif* et ce qu'il y a de *personnel* dans l'inconscient productif d'œuvres littéraires. Il appuie sur l'importance des *symboles littéraires* et sur le *mouvement de l'imagination* littéraire, qui va d'éléments pulsionnels, par déplacement et sublimation, jusqu'aux régions supérieures de l'esprit.

Le symbole est, dit-il, « un système suscité par les lois naturelles de l'imagination et du rêve, la représentation d'un complexe, la projection du dynamisme du complexe sur le plan de l'image ». Il est « l'acte par excellence de l'imagination créatrice ». Ce procédé, mis habituellement en jeu dans l'activité inférieure du rêve, est au plus haut point le centre de l'imagination littéraire : aussi le psychanalyste doit-il savoir « lire » à travers les images et les métaphores, les symboles qu'elles signifient et qu'elles particularisent. Le psychanalyste considère les images et les métaphores comme des symboles.

Cependant « l'analyse ne peut rien nous dire de relatif à l'élucidation du *don* artistique, et la révélation des moyens dont se sert pour travailler l'artiste, le dévoilement de la technique artistique, n'est pas non plus de son ressort ». Seule cette partie de l'art qui comprend le processus de formation artistique en est l'objet. Aussi, l'analyse n'a-t-elle d'autre ambition que de décrire, psychologiquement, ce processus de formation, de suivre la ligne d'une évolution, d'observer, *ab ovo*, les dépliements premiers et les merveilleuses arborescences de la vie de l'esprit. Elle ne saurait donc être « réductive », et, dit Baudouin, « si elle met *en continuité* les éléments primitifs, infantiles, sexuels avec des floraisons supérieures du cœur et de l'intelligence, elle ne prétend aucunement par là réduire les derniers faits aux premiers. Elle se garde de dire à un phénomène : « tu n'es rien que... »

Bien entendu, le travail analytique en face des textes est délicat, demande du flair et de la prudence. Un simple mot peut signaler, par exemple, un déplacement, un point de jonction d'éléments inconscients. L'analyste travaille au niveau du détail, est obligé de multiplier les citations, de les commenter sans trêve. Charles Baudouin s'y est exercé d'une main assurée dans cette *Psychanalyse de Victor Hugo* à laquelle nous nous permettons de renvoyer le lecteur. On y trouve une véritable « carte de géographie» des complexes du grand poète : complexe « spectaculaire » (voir-être vu) dont la sublimation produit cette œuvre même de grand visionnaire ; complexes œdipien et fraternel, qui ont donné *Les Burgraves*, *Le Parricide*, *Job* — sans compter *La Conscience*, où l'œil est le châtiment du parricide en même temps qu'il symbolise avec les tendances spectaculaires et se présente donc comme une image fortement surdéterminée ; complexe de mutilation (en rapport avec les symboles de destruction que l'on trouve si souvent chez Hugo, dans *Torquemada*, *Eviradnus*, *Quatre-vingt-treize*) ; complexe de retraite — fuite devant le père — dont témoignent la chevauchée du petit roi de Galice, *Hernani*, « force qui va » etc. ; complexe de naissance enfin (cf. *L'Homme qui rit*).

Dans une vue synthétique, Baudouin formule à la fin de l'ouvrage les termes du conflit dominant de l'inconscient du poète, et explique comment chez lui l'équilibre psychique a pu se réaliser.

II. — La critique psychanalytique : Gaston Bachelard

Albert Béguin formule dans l'introduction de son livre sur *L'âme romantique et le rêve* (1), une grave critique contre la psychanalyse de l'art : « La psychanalyse, dit-il, appliquée à l'œuvre d'art, la traite comme un document, un ensemble de symptômes, et ne s'y appuie que pour parvenir à une étude de l'auteur de sa vie, de sa névrose. Cette démarche n'en saisit que les relations avec la psychologie de l'auteur, relations qui ont leur intérêt humain, mais qui restent absolument extérieures à la qualité comme à la portée du poème. »

Albert Béguin a cependant peut-être tort de prétendre que les relations de l'œuvre avec le psychisme, et avec le psychisme inconscient surtout, sont en dehors de la qualité propre d'un poème. Dans la suite de ses ouvrages consacrés à l'imagination littéraire, Gaston Bachelard jette précisément les bases d'une *critique psychanalytique* dont le rôle serait de juger une œuvre selon son authenticité, selon qu'elle participe ou non au mouvement d'une imagination dont les directions seraient unifiées par tels ou tels complexes. Bachelard conçoit donc, comme partie intégrante de la psychanalyse littéraire, un *retour à l'œuvre*, qui la soustrait à la critique d'Albert Béguin.

Le complexe de Lautréamont. — C'est ainsi que l'étude consacrée par Bachelard à *Lautréamont*, l'étrange auteur des *Chants de Maldoror*, enseigne à mieux comprendre une poésie déroutante en apprenant au lecteur à sympathiser, dans le sens étymologique du terme, avec le complexe qui l'a suscitée. Bachelard dégage un véritable complexe de la vie animale chez le poète, né d'une violence agressive ayant besoin d'être « immédiatement réalisée dans la sûreté du geste animalisé ». D'où une poésie nerveuse demandant de notre part un essai de retrouver en nous la vivacité qui sommeille.

(1) Librairie José Corti, 1939.

Imagination et « matières fondamentales ». — Dans d'autres études, qui ont pour objet l'analyse des résonances inconscientes qu'ont dans l'esprit humain les quatre éléments — eau, feu, air et terre — Bachelard émet expressément l'idée d'une critique littéraire basée sur une science de l'inconscient et de l'imagination.

Dans un livre savant sur *La formation de l'esprit scientifique* (1938), Bachelard, frappé par les rêveries tenaces qui longtemps avaient bloqué l'évolution de la pensée rationnelle, s'était attaché, par une « psychanalyse de la connaissance objective », à mettre au jour ces rêveries nées de l'inconscient, et il les qualifiait d'« obstacles » au savoir. Mais il s'aperçut que si, autour d'un objet comme le feu, quantité de rêves naissent et se perpétuent, combien ces rêves ne sont-ils pas merveilleux ! Il se mit donc à les étudier en eux-mêmes, et rattacha des mouvements imaginatifs spécifiques aux « matières fondamentales » qui parlent à l'inconscient.

Les « convictions subjectives relatives à la connaissance du feu » sont ainsi explorées dans *La psychanalyse du Feu* (1939), et Bachelard met en évidence une *unité* de l'imagination du feu, marquée par divers complexes : le complexe de Prométhée, qui pousse à dérober le feu comme s'il s'agissait d'un objet interdit ; le complexe d'Empédocle, besoin de disparaître corps et âme dans les flammes, appel du bûcher, « où s'unissent l'amour et le respect du feu, l'instinct de vivre et l'instinct de mourir » ; le complexe de Novalis, le complexe d'Hoffmann, etc. L'œuvre d'Hoffmann en particulier est plus que toute autre sous le signe du feu et met en évidence un « système de fidélité poétique » cohérent.

D'autre part *L'Eau et les Rêves* (1941) met au jour l'inconscient qui rêve « aquatiquement » : complexes d'Ophélie, de Caron, de Nausicaa. L'eau provoque l'évocation de naïades et de nymphes ; elle « symbolise la pensée de notre dernier voyage et de notre dissolution finale » ; « l'inconscient marqué par l'eau rêvera, par-delà la tombe, par-delà le bûcher, à un départ sur les flots » ; nous sympathisons enfin obscurément avec le charme de la pureté ou de l'impureté de l'eau...

Bachelard découvre chez Edgar Poe une fidélité à une eau spéciale, lourde, dormante, qui donne une unité à son imagination.

L'Air et les Songes (1943) s'essaie à élucider la rêverie aérienne : lorsque notre imagination rêve la matière aérienne, notre être se sent devenir pur, participe au plus aérien de l'air ;

il se sent s'élever : Nietzsche, poète et philosophe, est marqué du *complexe de la hauteur* — « Nous autres, écrit-il, esprits libres, esprits aériens, esprits joyeux !... » ; il est le type du poète des sommets, du poète ascensionnel.

Enfin, le monde de l'*imagination de la terre* est étudié dans deux volumes : *La Terre et les Rêveries de la Volonté*, *La Terre et les Rêveries du Repos* (1948). En effet, la terre suscite les énergies du combat et du travail, ou invite au repos : selon que notre imagination envisage les substances comme une matière à façonner, ou bien comme une réalité naturelle au cœur de laquelle il est possible de nous abriter, nous serons mobilisés par les rêveries de la volonté ou entraînés par celles du repos. Dans le premier cas, la nature peut devenir pierre (rêverie pétrifiante ou complexe de Méduse chez Huysmans), ou glu (Sartre et le complexe du visqueux)... Dans le second, nous trouvons les thèmes poétiques et littéraires de la Terre Maternelle, les mythes de la grotte et du labyrinthe, le complexe de Jonas, etc.

L'image littéraire et sa valeur. — Il y a donc, suivant Bachelard, des thèmes imaginatifs cohérents, en relation avec des complexes convergeant autour d'une même unité. Voici ce que Bachelard écrit dans *La psychanalyse du Feu* : « Quand on a reconnu un complexe psychologique, il semble qu'on comprenne mieux, plus synthétiquement certaines œuvres poétiques. En fait, une œuvre poétique ne peut guère recevoir son unité que d'un complexe. *Si le complexe manque, l'œuvre, sevrée de ses racines, ne communique plus avec l'inconscient ; elle paraît froide, factice, fausse.* »

Aussi, lit-on dans *L'Eau et les Rêves*, « la critique littéraire qui ne veut pas se borner à un bilan statique des images doit se doubler d'une critique psychologique qui revit le caractère dynamique de l'imagination suivant la liaison des complexes originels ».

Ceci revient à faire de la « valeur » inconsciente de l'image littéraire la pierre de touche de sa « valeur » littéraire ; si elle est dépourvue d'attaches avec l'inconscient, elle n'aura aucune résonance chez le lecteur, elle apparaîtra boursouflée, artificielle, impure, parce que ne tenant à rien.

On le voit, pour Bachelard, naître de l'inconscient est pour une création imaginative un brevet de richesse.

CONCLUSION

Mais il est temps de conclure. Nous espérons que le lecteur se sera fait une idée convenable des progrès effectués par la psychologie de l'inconscient depuis la seconde moitié du XIXe siècle. Nous avons vu germer, tout d'abord, chez des philosophes hardis la notion de principes psychiques profonds, soustraits à la conscience. Puis ce furent maintes observations expérimentales, portant sur l'activité automatique, la distraction, l'hypnose, les dédoublements de la personnalité : ainsi le concept d'inconscient se voyait-il affecté à diverses manifestations du psychisme, depuis l'automatisme psychologique, jusqu'aux idées fixes inconscientes. Pourtant, sans le génie de Freud, il est douteux que l'idée d'un inconscient profond, d'un inconscient-principe, d'un inconscient-langage ait été mise en valeur. Grâce à la découverte du refoulement et à la distinction du préconscient et de l'inconscient proprement dit, grâce à sa conception dynamique de la vie mentale, grâce à l'analyse des mécanismes qui président aussi bien à la vie intime de l'inconscient qu'à ses échanges avec le conscient, Freud peut être considéré comme l'investigateur et le théoricien par excellence de l'inconscient. C'est pourquoi nous lui avons accordé une place importante, presque dominante dans ce petit ouvrage.

A vrai dire, un ouvrage de ce genre ne saurait jamais être clos. Nul doute que les progrès de la biologie, de la psychologie expérimentale, non moins que les recherches récentes dans les domaines de l'anthropologie et de la linguistique, ne soient susceptibles de faire progresser cette science de l'inconscient dont Freud fut le premier artisan. Il faut l'espérer. Car, plus l'homme se connaîtra et, ayant identifié « l'Autre » en lui, comme dit Lacan, sera au fait des forces obscures qui le déterminent pour le mieux et pour le pire —, plus peut-être il lui sera possible de s'orienter parmi les routes que lui a tracées le destin.

BIBLIOGRAPHIE

ANZIEU D., *L'auto-analyse de Freud*, P.U.F.
ADLER A., *Le tempérament nerveux*, Payot.
— *Connaissance de l'homme*, Payot.
BACHELARD G., *La psychanalyse du feu*, Gallimard.
— *L'eau et les rêves*, Corti.
— *L'air et les songes*, Corti.
— *La terre et les rêveries du repos*, Corti.
— *La terre et les rêveries de la volonté*, Corti.
— *Lautréamont*, Corti.
FREUD S., *L'interprétation des rêves*, trad. MEYERSON et D. BERGER, P.U.F.
— *Trois essais sur la théorie de la sexualité*, trad. REVERCHON-JOUVE, N.R.F. (trad. nouv. *Trois essais sur la théorie sexuelle*, par P. KOEPPEL, N.R.F.).
— *Cinq leçons sur la psychanalyse*, trad. Y. LE LAY, Payot.
— *Métapsychologie*, plusieurs traductions successives, N.R.F.
— *Introduction à la psychanalyse*, trad. S. JANKÉLÉVITCH, Payot.
— *Essais de psychanalyse*, nouv. trad., Payot.
— *Ma vie et la psychanalyse*, trad. M. BONAPARTE, N.R.F. (trad. nouv. *Sigmund Freud présenté par lui-même*, par F. CAMBON, N.R.F.).
— *Nouvelles conférences sur la psychanalyse*, trad. A. BERMAN, N.R.F. (trad. nouv. *Nouvelles conférences d'introduction à la psychanalyse*, par R. M. ZEITLIN, N.R.F.
— *Abrégé de psychanalyse*, trad. A. BERMAN, P.U.F.
GREEN A., *Le complexe de castration*, P.U.F.
JANET P., *L'état mental des hystériques*, Masson.
— *Les névroses*, Flammarion.
JONES E., *La vie et l'œuvre de Freud*, P.U.F.
JUNG C., *L'inconscient*, Payot.
— *Le moi et l'inconscient*, N.R.F.).
— *L'homme à la découverte de son âme*, Mont-Blanc.
KLEIN M., *Essais de psychanalyse*, Payot.
— *La psychanalyse des enfants*, P.U.F.
LACAN J., *Ecrits*, Seuil.
LEMAIRE A., *Jacques Lacan*, Mardaga.
LAPLANCHE J. et PONTALIS J.-B., *Vocabulaire de la psychanalyse*, P.U.F.
MANNONI O., *Freud*, Seuil.
PRÉVOST C., *La psycho-philosophie de Pierre Janet*, Payot.
SCHOPENHAUER A., *Le monde comme volonté et comme représentation*, P.U.F.

TABLE DES MATIÈRES

INTRODUCTION 5

PREMIÈRE PARTIE

L'INCONSCIENT AVANT FREUD

CHAPITRE PREMIER. — **Les philosophies de l'inconscient** 9

I. Schopenhauer. — II. Carus. — III. Hartmann. — IV. Conclusions.

CHAPITRE II. — **Les premiers résultats empiriques** ... 17

I. Distraction et écriture automatique. — II. Somnambulisme et hypnose. — III. Pierre Janet.

DEUXIÈME PARTIE

L'INCONSCIENT SELON FREUD

CHAPITRE PREMIER. — **Inconscient et conflits psychiques** 32

I. Premiers travaux. — II. La méthode associative et le refoulement. — III. Symptômes et conflit. — IV. Les rêves, messages de l'inconscient. — V. Actes manqués.

CHAPITRE II. — **Inconscient et sexualité** 61

I. Théorie de la sexualité. — II. Les névroses et l'évolution de la sexualité. — III. L'élaboration des symptômes. Le rêve.

CHAPITRE III. — **La vie mentale et l'inconscient**..... 83

I. Premières conceptions. — II. Corrections aux premiers schémas.

TROISIÈME PARTIE

L'INCONSCIENT APRÈS FREUD

CHAPITRE PREMIER. — **Théories post-freudiennes** 94

I. Adler. — II. Jung. — III. Melanie Klein. — IV. Lacan.

CHAPITRE II. — **Inconscient et fonction littéraire** 117

I. La psychanalyse littéraire. — II. La critique psychanalytique : Gaston Bachelard.

CONCLUSION 124

BIBLIOGRAPHIE 126

Imprimé en France
Imprimerie des Presses Universitaires de France
73, avenue Ronsard, 41100 Vendôme
Décembre 1991 — N° 37 290